가이사 것은 가이사에게
하나님 것은 하나님에게

이 소중한 책을

특별히 _____________ 님께

드립니다.

교회 재정/행정관리/목회자 세금 해설

가이사 것은 가이사에게
하나님 것은 하나님에게

세무사 **이종성 장로** 지음

나침반

재정관리와 행정관리 책을 출판하면서

신학교에 편입학하여 졸업 논문으로 재정문제에 대한 〈현대 교회 재정관리〉를 썼습니다. 교회 장로로 교회를 섬기고 있는데, 2018년 1월 1일부터 종교인 과세가 시행되어 많은 교회가 세금 문제로 어려움이 닥쳐올 것 같습니다.

그동안은 세금 문제가 발생하지 않아 관심이 없지만 갑자기 세법을 개정하고 세금을 적용하면서, 국세청에서 목회자들의 사례금에 대하여 종교인 소득세를 부과하겠다 하여 세금 납세의무자가 되어 복잡한 세금 문제로 어려움을 느낄 것 같아, 세무회계사무소를 40여 년간 운영한 바 있어 아래와 같은 이유로 이 책을 썼습니다.

첫째, 목회자들의 세금 문제를 조금이라도 절세하고, 세무 관련 업무에 도움을 드리고, 교회사무실에 근무하는 직원들의 교회 장부체계와 복식부기 장부를 만드는 데 도움을 드리고자 하였으며,

둘째, 교회 내 세금을 줄이기 위한 체계적인 정관과 시행규칙을 만드는 데 도움을 드리고자 하였으며

셋째, 정부에서 기독교인의 소득세 과세로 35개의 많은 항목을 신설하여 세금을 부과하고자 하니, 세법에 대한 기초적인 지식을 습득하고 부당한 세금으로 억울함을 당하지 않고 절세가 되게 하도록 교회재정과 행정관리책을 집필하게 되

었습니다.

　초등학교 때, 노트와 연필, 그리고 사탕을 받기 위하여 교회에 다니기 시작했다가, 어느덧 교회에 나간 지 70여 년이 되었습니다. 교회에서 하나님을 섬기면서 은혜를 받고, 신앙생활을 하면서 하나님이 감동을 주셔서 이 책을 출판하게 되었습니다.

　이제는 교회도 투명해져야 하며 하나님이 기뻐하시는 교회가 되어야 합니다. 예수님께서 하나님의 것은 하나님께, 가이사의 것은 가이사에게 바치라고 하신 말씀에 따라 목회자들도 납세의무자로서 세금을 국가에 바쳐야 하며, 억울한 세금을 내지 않도록 절세하는 지혜로운 자세가 필요하다 하겠습니다.

　이 책이 교회와 목회자들의 사역에 크게 도움이 되길 바랍니다.

눈 내리는 추운 겨울 새벽 아침에

세무사 이종성 장로

목차

제2편 **행정관리**

재정관리

제1장

교회재정

1. 교회의 재정관리의 의의

예수를 믿는 성도들은 하나님께 바친 헌금이 하나님의 나라 확장과 선교활동에 바르게 쓰여 많은 사람들이 구원받기를 원하고 있다. 또한 재정을 운영하는 교회가 청지기로서 본연의 사명을 잘 감당해 주기를 바라고 있다.

인간들은 일반 동물과는 달리 도덕적 존재이면서 경제적 동물이며 선과 악, 그리고 의와 불의가 혼합적으로 이루어지고 있는 사회에 사는 동물이기도 하다.[1]

성경에 보면 주님께서도 "돈을 사랑하는 것은 일만 악의 뿌리가 될 수 있다"(딤전 6:10)고 말씀하셨다. 그리고 예수님께서는 "하나님과 재물을 겸하여 섬길 수 없다"(마 6:24)는 말씀도 하셨다. 또한 예수님께서는 "맡은 자들에게 구할 것은 충성"(고전 4:2)이라는 말씀과 달란트 비유에서 청지기로 착하고 충성된 종으로서의 속성을 강조하시면서 하나님께 신실한 종으로서 최선을 다하라고 말씀하고 계신다.

재정관리는 돈과 관련이 있으므로 하나님께서 기뻐하시는 일에 재정을 바르게 관리하고, 교회는 재정 관리에 있어서 청지기적 사명감을 가지고 올바르게 사용

---

1) 한국기독교 신도연맹편, 《교회재정의 이론과 실제》, (전망사, 1985), p.3.

하여야 한다. 하나님 나라의 재정을 관리하는 교회에서 재정 담당자는 하나님께서 맡겨주시는 재정을 어떻게 관리하고 사용할 것인가를 고민해야 하고, 예산 설정과 예산 집행 시, 그 결과에 대하여 계획된 예산 범위 안에서 비교 분석하고, 실수와 잘못을 범하는 일이 없도록 노력해야 한다.

교회의 재정관리는 인간사회의 재정 관리의 일부분에 해당하기 때문에, 재정 관리에 대하여 차원 높은 연구가 필요하며, 교회의 재정 관리는 행정학의 일부분이라고 말할 수 있다.

행정학이란, 최소한의 인적 물적인 자본으로 최대한의 효과를 얻으려는 합리적인 조직과 관리를 뜻한다.[2] 교회행정이란, 현대교회의 목적인 전체교회를 성취하기 위하여 교회를 인도하는 데 관련된 교회지도자들의 필요한 활동을 말한다.

이러한 활동은 교회의 목적과 사명을 달성하는 데 필요한 사업에 참여하도록 모든 신도들을 활용하고 교회 프로그램을 조직하고 통제하는 것을 의미한다.[3]

교회행정학은 교회의 목적과 의사를 실현하고 맡겨진 과업을 수행하기 위한 조직과 운영의 기술과 능력의 학문이라 할 수 있다. 레오 나드 메이어의 정의를 보면, 행정은 임무를 결정하고 그것을 명확하게 하며, 방침을 공식화하여 이를 진행하고 권위를 위임하며, 관리자의 조직의 목적을 달성하는 방법과 자원의 동원이라 하겠다. 에이취비 트렉커는 "행정은 회중과 함께 목표를 수립하여 의무를 분배하고 모든 계획과 사업을 지휘하여 달성한 바를 재검토하는 것"이라고 정의하고 있다.[4]

재정관리란 업종규모의 대소를 불문하고, 모두 생산 활동을 통하여 끊임없는 발전과 성장을 계속하려는 동태적인 존재로서, 이것은 기업의 안정적이고 발전

---

2) 침례기독교회 훈련부편, 《교회의 재정관리》, (침례회관 출판부, 1987), p93.
3) 《기독교 백과사전》, 제2권,(기독교문화사, 1981), p.184.
4) 홍의표저, 《현대교회 행정학》, (보문출판사, 1978), pp112~151.

이며 지속적인 성장을 위한 경제적인 재정활동[5]이다. 그래서 행정은 조직행정과 인사행정으로 분리하기도 하는데, 교회 재정운영과 행정 관리는 조직행정에 속하며 교회에서 매우 중요한 사항이다.

교회행정이란, 교회의 선교목적을 달성하고 교회 행정을 성취할 목적으로 교회지도자들이 역량을 발휘하고 필요한 선교관리 활동을 하도록 지원하는 지침서이기도 하다. 이러한 활동은 교회가 추구하는 목적과 사명을 달성하기 위하여 필요한 사업에 참여하도록 하고, 모든 신도들을 독려하여 함께 활동하게 하며, 교회프로그램을 조직하고 통제하는 기능을 가지고 있다.

교회재정을 바르게 관리하고 청지기 사명으로 정성을 다해 올바르게 재정관리를 하여야 할 필요성을 느낀다. 현대교회들이 재정 관리를 투명하게 잘 수행하지 못하여 오해받고, 물질로 인해 교회 공동체가 분열되고 교회 성장 발전을 저해하며 비난을 받게 되어, 불신자들이 교회에 다니기를 주저하게 되는 결과를 초래할 수도 있다.

교회 성도들이 하나님께 바친 귀중한 헌금이기에, 하나님 나라 확장을 위해 효율적인 선교 헌금으로 사용 관리하여야 하고, 사용할 청지기로서 책임을 다해 하나님께서 기뻐하시는 데 헌금을 사용하고 올바르게 관리하여야 한다.

현대교회의 재정관리 내용을 교회관계자와 교회에 관련된 모든 이해관계자가 확실하게 알아야 하므로, 교회 재정거래 내용을 투명하게 사용한 내역을 교회복식장부로 기록 계산해 놓아야 한다. 현대교회는 교회가 대형화되고 많은 교인들이 등록되어 있어 재정의 규모가 늘어나 그 관리가 또한 중요할 뿐 아니라 교인들이 교회 재정에 관하여 관심이 있기 때문이다. 그러므로 현대교회는 회계기준을 기초로 하고 회계 원리를 적용한 전산회계 장부를 만들어야 한다.

---

5) 《〈기업성장과 재무활동의 확대〉》, (salomon,jflink, 1969), p.24

2. 재정관리의 역사적 배경

현대경제 경영 대사전 편집위원회 편저 《현대경제경영 대사전》을 보면, 현대교회가 재정관리의 지표를 설정하려면 역대 교회의 전통과 관례를 개관하지 않으면 안 된다. 길고 복잡했던 역사적인 기록 속에서도 몇 가지 원리들이 교회 재정을 지배하였다고 서술하고 있으며, 그것이 목적과 방편의 전도 현상을 수정해온 것이 사실이기도 하다.

초대교회의 경우를 보면 첫 3세기 동안은 교회재정의 충당이 자신과 선교활동에 도움을 주기 위한 자발적인 헌금과 첫 열매의 헌납금, 십일조, 기부금이었다. 교회가 태동하면서부터 재정적인 지원이 필요했던 것은, 병자를 도와주고 가난한 자들을 구제하며 사도들의 전도여행을 도와주기 위하여 사용하였으며, 당시만 해도 집회를 위한 경비에 대해서는 거론하지 않았다는 사실을 알 수 있다.

특히 예루살렘 교회에서는 일곱 집사가 임명되었고, 구제사업 이외에도 복음전도를 위해 봉사하는 자들을 위해서도 지원해주고, 교회재정의 출처로는 기부행위이었다. 그런데 초대교회에서는 그렇게 괄목할 만큼 크지 못하였고, 콘스탄틴 황제가 기독교를 공인한 후부터 교회의 재원의 출처와 사용에 큰 역할을 하게 되었다. 주후 321년, 콘스탄틴 황제는 누구든지 사후에 자기소유의 재산을 교회에 헌납해도 좋다고 기부행위에 대하여 제가했다.

이와 같은 기부행위는 사후 자기영혼을 속량하는 데 도움이 된다고 믿기 때문에 많은 크리스천들이 교회에 막대한 재산을 헌납하기 시작하였고, 교회는 많은 재원을 분배 받았으며, 그 후 중세교회의 잘못된 재정관리로 인하여 부패의 원인이 되기도 하였다. 예수님 당시도 가룟 유다가 재정 담당자로 돈궤를 맡았었는데, 이것으로 12제자 중 1인이 재정담당을 맡고 현금 출납을 하였다는 사실을 알 수 있다.

교인들은 하나님께 정성껏 바친 헌금이 어떻게 사용되고 있는지에 대하여 묻지는 않지만, 교회 성직자와 재정관계자들은 교인들이 헌금이 하나님께서 기뻐하시는 데 사용되고 있는지에 대하여 관심을 갖고 있다는 사실을 알아야 한다.

3. 재정관리의 의미

재정관리는 기독교 운동의 초기부터 밀접한 관계가 이루어져 왔다. 예수님께서도 지상 사역을 수행하였을 때, 그와 그 제자들은 기본적인 선교 사업과 욕구 충족을 위하여 돈을 사용하였다. 재정에 관련된 내용도 성경 여러 곳에서 찾아볼 수 있다.

요한은, 예수께서 우물가에서 사마리아 여인을 만나 이야기하고 계실 때, 예수님을 따르는 제자들은 그 장소에 없었는데, 제자들은 먹을 것을 사러 동네에 들어갔다고 했다(요 4:8). 예수님의 제자 12명 중에 가룟 유다는 재정을 담당하고 있었다. 유다가 돈궤를 맡고 있었다는 사실이 성경에 여러 차례 기록되어 있는데, 이 기록은 유다가 그 집단을 위한 재정담당 역할을 맡고 있었음을 보여준다. 마태복음 26:14~16, 마가복음 14:10~11, 누가복음 22:3~6, 요한복음 12:12, 요한복음 13:3에서 확실하게 알 수 있다.

세금과 관련된 성경 구절 마가복음 12:14~16, 마태복음 22:17~21, 누가복음 20:20~26, 느헤미아 5:4 등을 보면, 예수님 당시에도 재정과 관련된 세금 문제가 있었음을 알 수 있다.

사도 바울은 자신의 선교여행에 자금을 조달하기 위하여 돈이 필요했다. 하지만 사도행전 20:33~34의 기록을 보면, 사도 바울은 타인에게 신세를 지기보다는 자신이 직접 노동에 참여하여 선교활동을 유지하였고, 일부 교회에서 사랑의 표현으로 일시적인 사적 선물을 준 것을 받았을 뿐이다.

선교사의 자급자족에 관한 사도 바울의 생각은, 영국의 침례교인이며 근대 선교운동의 아버지격인 윌리엄 캐리에 의해 알 수 있다. 캘커타 근방의 세럼포어에서 그의 동료인 윌리엄 워드와 조수아 마쉬맨은 그들의 선교사업을 수행하기 위하여 돈이 필요하다는 것을 깨달았다. 그러나 그들은 가능한 한 빨리 모든 선교사는 자신이 거주하고 있는 지역에서 찾음으로써 스스로 생계를 유지해야 한다는 생각을 전적으로 받아들였다.[6]

사도 바울은 선교를 위하여 돈이 있어야 하는 중대한 경우에 기독교인들이 헌금하도록 주저없이 말하기도 하였지만, 성도들을 위한 헌금에 대해서는 말을 하지 않았으며, 갈라디아 교회에 '내가 간 다음에야 헌금하지 말고, 매 주일 첫날에 너희 각 사람이 저축하라'고 하였다. 이와 같이 말한 것은 사도 바울이 교회재정과 경제에 대해 말한 것이라고 생각된다.

재정과 경제에 대한 말씀이 많이 나오고 있음을 볼 때, 교회의 재정관리에 대한 중요성은 쉽게 이해할 수 있다. 그래서 재정에 대한 일반적인 의미를 살펴보고자 한다.

재정 관리는 기업이 필요로 하는 자본의 조달과 그 운영과의 양적 시기적 적합에 관한 관리를 의미하는 것이라고 말할 수 있다. 여기서 말하는 자본의 조달에는 장기자본의 조달과 단기자본의 조달 양자가 포함되고, 그 자본의 운영에는 고정자산의 조달과 유동자산의 조달 양자가 포함된다.

특히 고정자산이나 유동자산의 구체적 조달 그 자체는 구매 관리에 속하는 것으로서, 재무관리는 이에 대하여 자본비용의 견지에서 중요한 종합적 규제를 미치게 하는 것에 지나지 않는다.

재무관리는 가장 넓은 의미로 상술한 의미에 있어서의 재무관리와 전반 관리를 총칭하는 것으로 쓰이고 있다. 이 경우에 일반적으로 말하는 재무관리는 전반 관리와 더불어 가장 넓은 의미의 재무관리 중에 포함한다. 또 협의의 재무관리는 자금관리만을 의미하는 것으로 생각하고 있다. 이 자금관리는 상술한 일반적으

6) 《기독교백과사전》, (기독교 문화사, 1981), p.680

로 말하는 재무관리의 부분적 내용을 말하며 이에 포함되는 것이다.[7]

4. 재정관리의 중요성

재정 관리와 행정의 중요성은 교회의 재정과 행정에 관련된 업무를 원활하게 수행하고 교회 성장 발전에 매우 중요하다.

교회 재정문제는 교회가 성장 발전하기 전에는 은혜로 모든 업무를 처리하다가, 교회가 비약적으로 발전하면서 어느 날 갑자기 성도 중에서 재정 문제를 건의하게 되고, 재정과 행정이 어떻게 이럴 수 있느냐고 따지는 교인이 생길 수 있다.

그러므로 교회 재정 문제를 명확하게 해야 하고, 교회의 자산과 부채, 그리고 기금(자본금)의 거래와 지출 비용 거래가 빈번하게 일어나 현금거래가 커져 간단하게 금전출납부에 수입과 지출을 기록하고, 당회나 구역회에서 간단하게 결산 보고하고 장부도 보전하지 않고 있다가, 교회 이해관계자가 장부열람을 요구할 때 장부를 제시하지 못하여 문제가 발생할 수도 있다. 그런데 비영리법인에 속하고 공익법인인 교회도 상법상 장부보전의무가 10년으로 되어 있어 어려움에 처하게 될지도 모르므로 교회도 복식부기에 의한 장부를 만들어 보관하여야 한다.

---

7) 현대경제 경영대사전편집위원회 편저, 《현대경제경영 대사전》, (음판사 1980), p.1285.

1) 법인의 구분

(1) 영리법인

영리법인은 영리를 목적으로 하는 법인으로, 법인이 이윤 추구에 목적을 두고 영리사업을 영위하며, 사업 활동에서 발생한 이익을 주주들에게 배당하고 있으며, 영리법인은 상법상 상행위를 하거나 기타 영리를 목적으로 설립된 영리 목적 회사를 말한다.

(2) 비영리법인

민법 제32조의 규정에 따라 사립학교법 기타 특별법에 의하여 설립된 법인으로, 민법 제32조에 규정된 목적과 이와 유사한 목적을 가진 법인이다. 국세기본법 제13조 규정에 의하여 법인으로 보는 법인격 없는 사단, 재단, 기타단체로서 반드시 사회를 위한 일반의 이익을 목적으로 하지 않아도 되는 것이며, 상증법상 공익 법인은 불특정 다수에게 이익을 주거나 공익을 위한 사업 목적으로 운영하고 있어야 한다.

비영리법인의 경우 법인세법 제3조 (3)항에서 열거하는 수익사업 또는 수입에서 생긴 소득에 대하여 각 사업연도 소득에 대한 법인세가 과세되며, 또한 법인세법 제55조의 2(제95조의 2포함) 규정에 의한 토지 등 양도소득에 대한 법인세를 추가로 납부하여야 한다.

비영리법인은 청산소득에 대하여는 법인세가 과세되지 아니한다.

과세되는 소득의 계산 방법은 대부분 영리법인과 동일하나 과세소득의 계산과세방법에 따라 법인세가 과세된다.

●주무장관의 허가 또는 인가를 받아 설립되거나 법령에 따라 주무관청에 등

록된 사단, 재단 그 밖의 단체로서 등기되지 아니한 법인

●공익을 목적으로 출연된 기본재산이 있는 재단으로 등기되지 아니한 법인은 세무서장의 승인에 의해 법인으로 보는 단체

●다음 각 호의 요건을 갖춘 것으로서 관할세무서장에게 신청하여 승인을 얻은 단체는 이를 법인으로 보아 세법을 적용한다.

① 사단 제단 그 밖의 조직과 운영에 관한 규정을 가지고 대표자는 관리인을 선임하고 있을 것.

② 사단 제단 그 밖의 단체는 자신의 계산과 명의로 수익과 재산을 독립적으로 소유관리할 것.

③ 사단 재단 그 밖의 단체의 수익을 구성원에게 분배하지 아니할 것.

법인으로 보는 단체로 승인을 받은 경우, 승인일이 속하는 사업연도와 그 사업연도 종료일로부터 3년이 되는 날이 속하는 사업연도까지는 거주자로 변경할 수 없다.

2) 종교법인

종교법인은 비영리 단체에 속하면서 종교 단체가 예배 시설 등 건물을 짓고, 기타 재산을 소유하면서 운영하고, 종교와 관련된 선교(포교) 사업을 하면서 기타 목적사업을 달성하기 위하여 종교 업무를 수행하고 운영하는 데 목적을 두고 있으며, 법률에 의한 권리 의무의 주체로서 인정된 종교 단체는 공익법인에 속한다.

종교법인법에 의하여 법인으로 설립된 종교단체는 종교의 교의를 펼치고, 의식행사를 하고, 신자를 교화 육성하는 주된 목적을 수행하고, 예배의 시설을 갖춘 교회(사원) 등을 가지고 있는 단체이다.

종교법인은 사단으로나 재단법인으로 등기를 하지 않고, 법인격 없이 총회나 노회에 소속된 단체로 독립적으로 운영하고 조직과 계산을 하면서 운영하는 경우도 있다.

5. 복식부기에 의한 전산장부 도입

국가기관과 지방자치단체 및 국영기업체와 큰 교회에서도 세입 세출 종이 장부에서 복식부기를 도입한 전산 장부로 전환하고 있으며, 매년 회계기준에 따른 결산 보고서를 작성하여 의회와 이해관계자에게 보고되고 있다.

현대교회도 이제는 크고 작은 교회를 구분할 필요 없이 전산 장부를 도입하여 교회 내의 목사님과 구역회나 당회에 결산 보고서, 즉 재무상태표(대차대조표)와 손익계산서, 그리고 잉여금 또는 결손명세서(기금 명세서)를 작성하고, 감사인의 감사를 받고 감사보고서를 작성하여 첨부하고, 공동의회(장로교회), 당회(감리교회), 사무총회(성결교회)나 구역회에 보고하여야 한다.

현대교회는 교회의 모든 장부를 정리함에 있어 이제는 전산 장부를 도입하고, 각종 수입금과 지출비용 등을 컴퓨터에 입력한 후 총계정 원장과 각 계정별 원장과 금전 출납부를 전산으로 작성한 후 재무제표(재무상태표, 손익계산서, 기금 처분 명세서)를 작성하여야 한다.

1) 재무상태표(대차대조표)

재무상태표(대차대조표)는 교회 자산과 부채와 자본금(기금)을 장부 금액으로 작성하여야 한다. 하지만 새로 전자 장부를 시작하는 교회에서는 자산을 재물 조사하여 금액으로 환산하여 자산의 금액을 확정하고서 부채도 금융기관 등 조회를 통하여 실지 교회에서 갚아야 할 부채 금액을 확정짓고 자산 + 부채 = 자본(기금) 금액을 확정하고서 대차 평균을 이루도록 만들어 놓아야 한다.

원래 재무제표는 교회의 회계연도 말 일정 시점에서 교회 재무 상태를 나타내는 표로서 교회의 회계보고서라 할 수 있다. 즉 자산과 부채, 그리고 기금(자본금)을 일정 시점 회계연도 말에 일목요연하게 알 수 있는 표이다.

재무상태표(대차대조표)는 자산, 부채, 자본(기금)으로 표시된다.

2) 손익계산서

손익계산서는 교회의 일정 기간, 즉 회계연도 초부터 회계연도 말까지 일정기간 교회의 경영 성과를 나타내는 표로서, 각종 수입이 많으면 당기 순이익이 발생되고 각종 수입보다 지출이 많으면 당기 순손실이 발생된다.

각종 헌금 수입에서 각종 비용이 더 많이 발생하면 현금이 부족하여 지출할 수 없어 현금을 빌려서 충당하였기 때문에 당기 결손 금액으로 표시될 것이다. 교회에서 일정 기간, 각종 헌금의 수입에서 각종 비용으로 지출하고 남은 금액, 즉 당기순이익이 얼마인지 정보이용자, 즉 담임목사와 재무부서 관련자들에게 보고되는 경영성과표이다.

즉 수입에서 비용을 빼고 당기에 이익이 발생하였는지 손실이 발생하였는지를 알 수 있는 표이다.

3) 합계잔액 시산표

회계 원리에 의하여 전산 장부는 각종 계정 코드별로 전산에 입력하면 총계정 원장 장부를 만들 수 있고, 계정별로 장부상에 합계와 산액을 계정별 원장에서 알 수 있으며, 입력된 전산 장부에서 합계잔액 시산표를 작성하면 되는 것인데, 합계잔액 시산표도 복식부기로 입력하여 대차 평균의 원리에 따라 대차의 합계와 잔액이 일치하여, 회계연도 중에 교회의 수익 지출은 물론 자산 부채 자본금(기금)의 변동을 이 표에서 알 수 있다.

전산 장부는 아주 쉬운 장부라 말할 수 있다.

왜냐하면 현금 수입금액이나 지출 금액을 수입전표나 지출전표 또는 지출 결의서에 의하여 기재된 계정과목별로 입력하면 모든 장부가 완료되기 때문에, 교회에서 원하는 각종 장부를 확실하게 알 수 있게 되므로 수기장부보다 쉽다고 할 수 있고 정확하다.

결산 보고서로 작성되는 재무제표는 재무상태표(대차대조표), 손익계산서, 잉여금(기금) 처분 계산서를 말하며, 장부는 총계정 원장, 계정별 원장, 금전 출납부 등을 말하며, 총계정 원장에서 모든 회계장부와 결산 보고서를 작성할 수 있다.

4) 잉여금(기금) 처분계산서 또는 기금 결손금(결손) 처분계산서

잉여금(결손금) 처분계산서는 유보이익이라고 불리기도 한다.

교회는 영리를 목적으로 하지 않기 때문에, 각종 헌금 수입에서 각종 비용을 지출하고 남은 금액은 당기순이익으로 교회재정 장부상에 유보되어 기금으로 남아있지만, 반대로 각종 헌금수입에서 각종비용을 지출하고 부족함이 발생되면 기금결손금으로 나타난다.

6. 교회 재정 관리 원칙

대부분 교회들이 현실적으로 전문지식을 갖춘 재정담당자들이 없어 일반적으로 장로나 권사, 집사들이 이를 담당하는 경우가 대부분이다.

작은 교회는 더욱 빈약하다.

큰 교회에서도 재정교육을 하지 않고 있다, 목사님이 바뀌면서 30여 년 만에 교회 성장 발전을 위한 재무교육을 실시한 바 있다고 들었다. 정말 잘한 일이라 생각한다.

현대교회는 이제 재무교육이 필요한 시점에 와 있다.

교회는 커졌는데도 재무관리는 수기로 단식부기로 종전과 같이 시행하고 있어 보기에도 민망할 정도다.

교육 실시 후 복식부기에 의한 전산 장부로 전환해 놓았다는 말을 듣고, 이제는 현대교회도 성장 발전해가고 있음을 느낀다.

요즘은 교회의 재정장부와 교적관리 등 전산으로 처리하는 전산 회사가 여러 업체가 있어 전산 장부 도입에 어려움이 없다.

월정 보수료를 지급하면 교회 전산에 필요한 모든 프로그램을 컴퓨터에 깔아주고, 교육도 실시하며 지도를 해주어, 자기 교회에 맞는 각 계정과목을 설정하고 복식 부기에 의한 전산 장부를 어렵지 않게 만들 수 있다.

1) 계정과목을 정관에 명시

계정과목은 교회정관에 재정장부에 대한 자산지부, 부채지부, 기금(자본)지부와 손익에 속한 수입지부와 지출지부의 계정과목을 제정해 놓고, 교회의 크고 작음에 따라 자기 교회에 맞는 장부의 관·항·목을 먼저 정해 놓고 계정과목을 확정한 후 재정관리 방향과 원칙을 세워야 한다. 그리고 해당 연도 중에는 되도록 계정과목을 변경하지 말아야 한다.

2) 재무담당자 재정교육

재무담당자들과 각 부서책임자와 회게담당자들이 지출결의서나 전표 작성 시 유의할 사항과 결재를 받아서 재정부서에 제출할 때, 부득이한 경우가 아니면 사전 결재를 받고 예산 범위 내에서 청구하는 교육을 하여야 한다.

3) 재정보고서의 투명성

교회에서 회기 말에 당회나 구역회 또는 공동의회 등에서 결산 보고서를 작성하여 보고하고 예산 결산 보고서를 통과시킨 후 공개를 꺼리고 서류를 회수해가는 교회가 많다.

이는 재정보고서가 공개되는 것을 방지하기 위한 교회의 폐쇄적인 행동이다.

즉 교회를 지키고 개인 정보를 지킨다는 명분으로 일반교인에게 교회재정의 폐쇄성을 합리화하고 교회 재정의 결산보고서와 부속명세 자료 등을 회수하는 것이다.

4) 감사를 철저히 이행

교회의 장부와 결산보고서에 대하여 감사를 형식적으로 해서는 안 된다.

개개의 교회에서 하나님의 은혜로 장부가 잘 처리되었다고 감사보고를 마치고 박수로 통과시켜 주고 있다.

교회재정이 잘되었다고 보고는 하는데, 복식 장부가 아닌 단식 부기에 의한 수기 장부로 결산서를 작성하고 보고를 하였기 때문에, 자산이 얼마가 늘어났고 부채는 얼마를 갚았는지, 교회에서 갚아야 할 부채와 미지급금은 얼마이고 목회자와 직원들에게 지급할 퇴직금은 얼마나 예치되었는지 보고내용이 없는 부실한 결산보고이다 장부가 회계기준에 따라 정확하게 기록되어 있고 정확하게 잘 처리하였다고 보고하면서 은혜롭게 처리하였다고 보고한 감사보고서 또한 부실한 감사보고서이다.

감사를 철저히 하여 교회 성장 발전을 위한 결산보고서가 나와야 한다.

이는 다음 연도에 세워야 할 예산을 신중하게 검토하고, 전년도 결산 보고서를 참고로 새로운 교회 예산을 세워야 하기 때문이다.

7. 재정관리의 기능

현실적으로는 교회의 규모나 교회가 속해 있는 산업의 특성을 목회자가 경영 철학 등 많은 교회 내적 요인과 외적 요인에 따라 재무관리의 기능은 달라지나 이상적인 의미에서 재무관리의 기능을 살펴보면 다음과 같다.

1) 교회의 재무 또는 회계자료를 분석하는 일이다. 이 기능은 목회자와 재무관리 담당자의 기본기능으로서, 보다 고차원적인 기능을 위해 기본 자료를 제공하는 것으로, 그 분석 기능이 중요하다고 볼 수 있다.

교회의 기존 회계자료와 기타 재무와 관련된 자료를 제공하는 동시에, 교회의 외적인 국내외의 경제 변화 등을 고려하여 미래 재무 관련 예측을 하는 기능이 있다.

2) 교회의 현 상태와 미래 상황을 고려하여 소유하고 있는 운영할 자산구성을 결정하는 기능이다.

목회자와 재무담당자는 교회가 추구하는 선교 목적을 달성할 수 있는 자산 유형을 결정하는 동시에, 자산을 어떻게 적절히 배합하여 소유하면서 운영할 것인가 자산배합도 결정하게 된다.

자산배합이란 교회의 선교 목적을 달성하기 위하여 유동자산 및 고정자산에 속하는 각 항목의 유형과 구성비를 결정하는 문제이다.

이 기능을 달리 표현하면 교회 자산 투자를 위한 의사결정과 자산운용을 위한 의사 결정이라 말할 수 있다.

3) 자산 구성을 위하여 자금이 필요하게 되는데, 이 필요한 자금을 어떻게 조달할 것인가 하는 문제, 즉 재무구조 결정기능을 들 수 있다.

앞에서 설명한 목회자와 재무관리 담당자의 자산구성과 관련된 기능은 재산은 재무상태표(대차대조표)상에서 차변 항목에 속하는 것이며 채무구조는 재무상태표 상에서 대변의 부채 및 기금(자본) 항목에 속하는 것이다.

재무구조란 교회 자산을 소유하기 위한 자금조달의 원천이 어떻게 구성되었는가를 말하는 것이다.

재무관리담당자들은 어떤 곳에서 자금을 조달할 것인가.

비중을 최적 자본배합을 결정하게 되는 것이다.[8]

자금 조달의 원천과 각 자금원으로부터 얼마를 조달할 것인가의 비중을 최적으로 하는 최적 자본의 배합을 결정하는 것이다. 이 기능은 재무관리의 전통적인 기능이라 볼 수 있다.

4) 교회 내에서 재무관리도 많은 경제학자들이 주장하는 것 같은 기능을 갖고 있다.

첫째, 교회재정과 회계자료를 분석하는 일, 즉 재정담당 장로들이 재무와 관련된 자료를 정리하고, 재무상태를 파악하고, 교회 내외의 경제적 재정적 예측을 하는 기능을 갖고 있다.

둘째, 교회의 현 상태를 바로 알고 자산 유형을 결정하는 동시에 자산을 어떻게 적절하게 배합하여 소유하면서 운영할 것인가 결정하는 기능이 있다.

셋째, 자금을 어떻게 조달하여 선교사업을 위하여 사용하고, 효율적인 교회 운영을 위하여 재무계획을 어떻게 세워야 하나 하는 기능이 있다.

재무관리를 잘해서 성장 발전된 교회가 있고, 재무관리가 은혜롭지 못하여 실패한 교회를 볼 때가 있다.

사업하는 기업인만이 재무관리가 필요하지 교회에서 재무관리가 뭐 필요한가 하는 목회자들도 있지만, 이는 교회 성장 발전에 대한 연구가 부족하기 때문에 그런 말을 하는 게 아닌가 생각이 든다.

현대교회 내에서는 재무담당 장로가 예산과 결산 보고를 하면서 나누어준 보고서에 대하여 지출된 내용을 설명할 때 임원들과 교인들이 질문하는 모습을 통해 교회재정에 관심이 있다는 사실을 알 수 있다.

이제는 교인들의 지식수준이 높아져 있을 뿐 아니라 회계지식도 높아져 있어

---

8) 한국 기독교 신도 연맹편, 《교회재정의이론과 실체》, (전망사, 1985), pp.171~172.

관심을 가지고 있는 신자들이 더욱 늘어나고 있어 투명한 재정 보고가 되어야
한다.

교인들이 자기가 하나님께 바친 헌금이 어떻게 사용되고 있는지 질문을 하지
않더라도 관심 있게 바라보고 있는 모습을 보고, 재정 관리에 대하여 성직자와
재정관리 담당자는 정확하게 보고하고, 더욱이 하나님께서 은밀히 바라보고 계
신다는 사실을 인식하고서 소중히 다루어야 하는 것이 재정관리이다.

이제는 교회 내에서뿐만 아니라 교회 밖에서도 관심이 높아지고 있다.

교회가 대형화되어 교회 건물이 높아지면서, 교회가 임대 사업 등 수익사업을
하고 있어 믿지 않는 사람들까지 교회를 바라보는 눈이 백안시되고 있다. 그러므
로 현대교회의 재정관리는 정말 깨끗하고 투명하게 이루어져야 한다.

제2장

교회 예산과 편성

1. 예산 편성의 중요성

예산 편성은 수입부와 지출부로 구분하고 예산을 편성하면서, 이 예산이 하나님께서 기뻐하시는 예산인지 기도하는 마음으로 편성하여야 하고, 교회조직이 그 조직의 목표를 효율적이고 효과적으로 달성하기 위해서는 계획과 집행, 결산, 통제, 감사 등 여러 경영관리 직능이 합리적으로 수립되어야 한다.

특히 예산 편성 수립단계에서 조직의 목적과 담임목사님의 목회계획과 방침을 파악하고서 예산을 편성하여야 한다.

예산이란 이러한 표준을 수량으로 표시하는 것이라 말할 수 있으며, 이를 금액으로 표시해 놓는 의미가 있다. 따라서 하나의 조직은 이 예산에 의하여 조직 전체 및 각 부분의 활동을 지휘 조절하고, 예산과 실제의 차이를 파악하고 분석함으로써 경영관리를 효율적으로 수행할 수 있다.

그러므로 예산이란 실제 교회의 경영 성과를 비교하기 위하여 미리 책정된 표준이라 말할 수 있다.[9]

---

9) 한국 기독교 신도 연맹편, 《《교회재정의이론과 실체》》, (전망사, 1985), pp.171~172.

교회도 하나의 조직이므로 예산 편성이 중요하다. 예산 편성을 잘못하여 은혜롭지 못한 결과를 가져온 교회를 많이 보았다. 그래서 예산 편성 시 많은 기도를 하고서 지출사항을 찾아서 예산을 편성하여야 한다. 이는 교회의 1년간의 살림살이 한 것이 예산대로 지출계획에 의하여 지출되었는지 감사를 받아야 하기 때문에 교회 재정관리가 대단히 중요하다.

예산의 수입과 지출이 꼭 맞아 떨어지기는 대단히 어렵지만, 어느 정도 가까운 결산이 되어야 교회가 은혜롭게 된다.

지나친 욕심에서 세워진 예산은 수입에 대응되지 못하는 지출로 재정은 궁핍한데 지출을 강요할 때 교회는 시끄러워지고 복잡한 문제가 발생한다.

예를 들면, 예산이 세워졌는데 교회에 현금이 들어오지 않을 때 예산청구자가 재정부장에게 "당신 돈이냐? 왜 안 주느냐"하며 덕스럽지 못한 결과를 초래하게 되므로 예산 편성 시 심사숙고하여 작성해야 한다.

예산은 세워졌는데 지출할 금액이 부족하면 목회자의 무능 때문으로 평가하려 들고, 계속 적자예산이 될 때 교인들과 목회자 사이에 불미스러운 사건이 발생할수도 있다.

또한, 예산 편성 많은 문제점이 발생되는데, 적자예산을 집행하다 보면 지출할 현금이 없어 예산 배정이 되어 있는 금액을 지출할 수가 없게 된다. 교회 재정은 궁핍해지고 있는데, 각 부서에서는 이러한 사정은 알 바 없다고 하면서 예산이 책정된 것이니 지출해 줄 것을 강요한다면 덕스럽지 못한 일이 벌어져 교회가 소란해질 수도 있다.

그러므로 예산 편성 시 부서별로 원만하게 비율을 정하고 잘 배정하여야 한다.

2. 예산 편성의 기준

예산 편성 시 교회마다 제각기 다른 특성을 가지고 있다. 규모와 차이가 매우 심하므로 일률적인 적용 방법은 불가능하고 비율의 예산서를 마련할 수 없으나 각 교회마다 적용이 되어야 하는 기준을 소개하고자 한다.

1) 전년도 예산과 결산을 참고로 예산 편성

전년도 예산 결산을 참고로 예산 편성하는 것은 전년도 예산액에 물가 상승률을 가산하여 증가시키고, 새로운 계획과 실천해야 하는 내용을 참작하여 편성하는 방법으로, 이 예산 편성 시 비교적 간편할 뿐 아니라 작성 시간이 적게 들기 때문에 많은 교회에서 활용하고 있다.

이 예산 편성 방법을 이용하여 수립된 예산은 전년도 예산의 비효율성을 내포하고 있으며, 예산이 비탄력적이므로 여러 경영관리 활용의 표준으로 이용되고 부적합하여 원래 활동적인 경영활동을 경직화하기 쉽다.

2) 영의 기준의 예산

예산 편성 시 또 다른 형태로 최근에 발전된 지난해의 예산 결산을 무시하고 영에서 시작하는 예산 방법이다.

이 예산 편성 방법은 조직의 여러 계획안을 목표 활용 및 필요한 자원으로 구성된 묶음들로 구분하고 각각 묶음에 대한 비용을 계산하고서 예산을 편성하는 방법이다.

각 부서의 계획안에 예산을 0으로 기준으로 하고 출발함으로써 모든 비용은 처음에서 새로 계산되며, 따라서 이전 예산기관과의 차이만을 고려하여 예산을 편성하는 전년도 예산 편성 방법의 단점을 극복할 수 있다.

이 방법은 대부분 계획안에 대한 지출액에는 어느 정도의 자유재량이 있다고 하는 가정에서 적용된다.

바람직한 생각은 받아들이면서 여러 가지 계획안들은 그 비용이 계산되고, 또 그들이 조직 목표에 어느 정도 공헌하고 있는가 하는 관점에서 검토되어야 한다. 그리고 공헌도에 따라서 그 서열은 정해 놓은 후 가장 공헌도가 높은 계획안부터 시작하여 총 예산안이 허용되는 범위까지 계획안이 적용되어야 한다.

이 예산 편성 방법의 중요한 점은 목회자와 재정 담당자들이 각 계획안에 대하여 새로운 평가를 하도록 강요하기도 한다. 그러는 동안에 적법하게 설정한 계획안 및 그들의 비용은 새로운 계획안 및 그들의 비용과 함께 전체적으로 검토된다.

3. 예산제도의 장점과 단점

예산 편성이 합리적으로 잘 편성이 될 때는 장점이 되지만 그렇지 못하면 단점이 발생된다. 그렇기 때문에 예산 편성이 각 교회에서 필요로 하는 현실에 맞게 합리적으로 편성되어야 한다.

1) 예산계획이 구체적인 수치와 시간을 기준으로 하여 일정한 체계 하에 포괄적으로 표시된 예산을 기준으로 하여 목회자들이 모든 경영관리 활동을 종합적으로 통제할 수 있다.

2) 예산이 편성되면 목회자는 보다 자유롭게 계획을 달성하기 위하여 권한을 이양할 수 있게 되므로 조직 구조가 합리화될 수 있다.

3) 예산 수립이 적절히 이루어지려면 경영계산 체계와 전달 경로가 우선 정비

되어야 하므로, 결국 예산 수립 활동으로 인하여 이들이 정비될 수 있는 여건을 제시한다는 장점이 있다.

그러나 예산의 실시계획이 너무 완전하고 치밀하게 짜이게 되면 오히려 예산 과잉이 발생하여 번잡하고 의미 없는 결과가 되고, 부당하게 비용이 많이 들고, 목회자들이 관리하는 데 있어서 자유를 박탈 당할 위험이 있다.

그러므로 예산을 수립할 때에는 교회 실정에 맞는 예산을 책정하고 예산을 수립하면서 다른 문제와 충돌되는 사항은 없는지 고려하여야 한다.

현대교회들은 예산규모가 증가하여 수십 억의 예산액이 되는 교회가 많다.

예산규모가 이렇게 커졌음에도 불구하고 예산 편성은 극히 비현실적인 방법으로 운영하고 있어 예산 낭비가 있음을 쉽게 발견할 수 있다. 그러므로 예산이 적절하게 설정되지 않으면 결국 그 교회의 활동이 위축되기 마련이므로 예산 수립의 중요성에 대한 인식을 새롭게 할 필요가 있다.

현대교회에서는 모두 예산제도로 장부를 사용하여 수지계산을 하고 있기 때문에, 모든 교회들이 자기 교회의 규모와 경제 여건을 파악하고서 예산안을 작성하여야 한다.

4. 예산 편성 시 유의점

하나님께서 교회에 맡겨주신 모든 물질적 재정을 어떻게 사용하여야 하며 관리했느냐에 대해 언젠가는 하나님 앞에서 회계하여야 한다.

미래를 위해 재정적인 계획을 세우는 것은 예기치 않은 일을 당할 때 큰 도움이 된다.

사역활동 예산제도란 개교회가 교회생활을 위한 하나님의 뜻으로서 제반 사역 분야에 대하여 지출 계획을 수립하는 일련의 예산 절차를 말한다.

그리고 하나님의 뜻에 대한 우리의 이해를 그대로 반영해 주고 있는 예산제인 만큼 그 절차를 주의 깊게 검토해볼 필요가 있다.

1925년 협동 프로그램(the cooperative program)의 대두와 함께 소위 통일 예산제라는 것이 태동하였다.

1950년 중반에는 이 방법이 남침례교회들 가운데 공식화된 제정으로 받아들여지게 이르렀다.

이 통일 예산제의 특징은 예산담당 부서가 중앙집권적 형태가 되며, 예산 절차상에 설명 부분 없이 예산 항목을 일렬로 나열하는 방식을 취하고 있다.

새로운 형태의 예산절차로서 사역활동 예산제도라는 것이 창안되었다.

이 사역 예산제도는 교회 예산제의 역사적 발달과정 가운데 가장 최근의 것이고 가장 합리적인 단체가 될 것이다.

비용의 세세한 항목들에 중점을 두어 그에 따른 자금 조달방식을 취하던 종전의 예산제와는 달리, 이 사역활동 예산제는 교회의 목적과 그 목적을 성취하기 위한 하나님의 뜻이 무엇인지를 규명하는 데 최우선 순위를 두고 있다.

즉 예산집행 자체보다 교회의 선교 목적과 기능에 우선한 예산제도를 수립하여야 한다.

하나님의 뜻에서는 사역 분야가 정해지면 각 사역별 프로그램의 목표에 따라서 예산안을 분류하게 된다. 이 방법을 적용하게 되면 각 프로그램에 대한 중요성을 판별할 수 있는 기준이 생기게 되고 교회의 궁극적 선교목적을 달성하기 위하여 전체 프로그램에 맞춘 부분적 조달이 가능하다.

이 사역활동 예산제도를 실시함으로써 단순히 금전적 기록으로서 예산안이 아니라 주님의 사역을 효율적으로 추진해 나가기 위한 예산안이 될 수 있는 것이다. 사역 활동 예산제도는 예산 편성 시 하나님 사역에 기준을 두어야 하고, 규모와 관계없이 사역을 활성화하도록 계획을 잘 추진해 나가야 한다.

이는 백 명 규모의 교회나 천 명의 교회나 만 명의 교회나 십만 명의 교회에 적용함에 있어서 동일한 효력을 지닌다.

결국, 사역활동 예산제도가 던지는 질문이 예산편성 시 유의하여야 할 점이라 하겠다.

1) 하나님께서 우리에게 맡겨주신 선교 사명을 달성하기 위하여 올해 우리 교회가 꼭 해야 할 사역이 무엇인가?

이를 심사숙고하고 하나님께서 기뻐하실 일을 찾아 예산도 세워야 한다.

2) 하나님이 기뻐하실 일을 추진하고 완성시키는 데 어느 정도의 비용이 들어가가는가?

'충당 비용이 얼마면 될 것이다'가 아니라 세밀하게 비용 분석과 시장 조사를 하여 꼭 필요한 비용이 세워져야 한다.

3) 선교사역에 필요한 비용을 충당하기 위하여 예산액을 얼마를 세워야 하는가?

최소의 비용으로 최대의 효과를 이루는 예산이어야 하며, 하나님이 기뻐하는 예산이 되어야 한다.

선교활동을 한다고 하면서 예산은 많이 세워 놓고 선교는 하지 않고 모여서 식사나 하고 차 마시고 다과와 과일을 사먹으면서 예산이 남아 있으니 쓰자고 하는 예산은 하나님이 기뻐하지 않는 선교활동이므로, 그런 예산은 세우지 말아야 하고 꼭 필요한 예산을 세워야 한다.

각 교회는 예산 편성 시 필수적으로 교회 본연의 선교 사역이 무엇인지 재발견하여야 하고, 그 선교 사역을 수행하기 위해서는 어떤 방식이 있는지 연구하여야 한다.

그리고 그 선교 사역하는 일을 효과적으로 해내기 위한 방법이 바로 선교 사역활동 예산제인 것이다. 각 교회가 교회 선교를 위한 하나님의 뜻이 무엇인지 제반 사역 분야에 대하여 지출 계획을 수립하고 일련의 예산절차에 각별히 유의하면서 예산을 편성하여야 한다.

제3장

예산에 대한 통제

1. 예산집행의 월차 마감 및 분석

현대교회의 예산은 그 내용과 규모가 분명히 교회 내에서 잘 운영이 될 수 있도록 편성되어야 한다.

수입과 지출 예산이 항목별로 그 전부나 일부가 상계되어 처리해서는 안 되며, 수입과 지출을 총액주의로 회계처리하여야 하고, 수입과 지출을 사실 그대로 장부에 기록하여야 한다.

예산을 집행함에서도 하나님이 기뻐하시는 선교비용인지 생각하고 비용으로 집행되어야 한다.

1년간 회계 연도의 장부를 마감하기 전까지 지출되는 비용은 원별로 수입과 지출을 매월 집계하여 장부에 표시되어야 하며, 가능하면 매월 결산 보고서를 작성하면 재정 관리에 많은 도움이 된다.

요즘은 컴퓨터에 의한 장부를 하기 때문에 매월 결산 보고서를 간편하게 뽑아 재정 보고를 할 수 있다.

교회 예산을 집행함에 있어서 통제의 기능이 있지만, 하나님을 믿는 교회의 예산 집행이므로 믿음으로 집행하고 통제보다는 은혜롭게 처리해야 한다. 그러나 잘못 운영하면 교회에 덕이 되지 못하고 문제를 야기할 수 있으므로 재정 관리는 회계처리 규정에 따라 지출 결의서에 의해 결재를 받고 예산 범위 내에서 현금이 지출되어야 한다.

A. 현대교회의 예산은 하늘나라 확장사업을 위한 선교 사업으로 하나님이 기뻐하시는 지출이 되어야 한다.

하나님은 교회의 재물을 바르게 관리하고 올바르게 사용하기를 바라고 계시다는 사실을 염두에 두고, 재무담당자는 하나님의 뜻에 따라 비용을 지출하여야 한다. 또한 공정하고 타당성 있게 회계원리원칙에 맞는 재정을 관리하고 예산 편성과 집행을 잘하여 하나님을 기쁘시게 하고 자신의 책임을 다하여 한 점의 부끄러움이 없이 재무회계 관리를 하여야 한다.

B. 교회 성도들에게 만족을 주는 재정 관리를 해야 한다.

성도들이 각양각색으로 드리는 헌금이 모여 교회 재정이 이루어지고 있으므로 교회의 재정 관리는 바친 성도들에게 궁금증을 주어서도 안 되고 아쉬움을 주어도 안 되기 때문에 의욕적이든 의욕적이 아니든 감추려 해서도 안 된다. 성도들은 교회 재정에 대하여 말을 안 하지만 자기가 하나님 앞에 바친 헌금이 하나님이 기뻐하시는 일에 사용되고 있는지에 대하여 관심을 갖고 있다. 교회 재정은 성도들에게도 만족을 줄 수 있는 조직과 운영을 하면서 회계 처리에 만전을 기하여야 한다.

C. 매월 말 보고서를 작성하여야 한다.

재정 담당자는 매월 담임목사님께 유용한 재정 정보를 제공할 수 있어야 하고, 목회자들은 교회의 각 부서를 맡아 행정을 담당할 때 충실하게 이행하고 사명을 다할 수 있도록 재정보고서를 제공해 주어야 한다. 그래서 담임목사가 교회의 재정 상태, 즉 수입과 지출관계를 분명하게 파악할 수 있도록 유용한 정보를 제공해 줌으로 교회행정에 보탬이 되어야 한다.

D. 교회장부는 빠짐없이 기록하여 전체 재정 내용을 알 수 있어야 한다.

교회에서 성도들이 바친 헌금이 들어오고, 재정부에서는 선교비, 전도비, 행사비 등 많은 지출거래가 발생되고 있다. 이처럼 교회 현금거래를 일목요연하게 발생일자순으로 기록하여야 한다.

장부기록은 질서 있고 통일성이 있어야 하며 명확하게 신뢰성이 가는 교회 재정이 이루어져야 한다.

이처럼 재정기록은 역사적인 기록의 기능이 있어야 하며, 그렇게 하려면 예산 집행에 있어서 월별로 심사하고 분석하면서 월별 가결산 보고서를 작성하고, 담임목사님과 재정부 직원들이 재정정보서를 작성하고 통제할 수 있도록 해야 바람직하고 건설적인 예산 집행이 될 수 있다.

2. 예산의 추가경정

예산을 집행할 때는 반드시 편성된 예산 범위 내에서 사용해야 하는 것이 예산 집행의 원칙이다.

교회에서 세운 예산안을 초과해서 지출하지 말아야 한다. 예상외로 교회헌금 수입이 적게 들어올 수도 있고, 수입이 더 들어올 수 있기 때문이다.

예산외로 헌금이 적게 들어오면 어려움이 있을 수 있고 재정이 어려워 세워놓은 예산대로 집행을 하다 보면 집행이 불가능하게 될 수도 있다. 이런 때 예산 변경을 하지 않고는 예산 질서가 문란한 지출로 적자 지출이 되기 때문에 추가경정 예산을 다시 편성하여 지출하여야 한다.

추가경정 예산을 세울 때 전체 지출 계정 중 남는 계정은 줄이고 부족한 계정은 늘려서 적자 지출이 되지 않도록 추가경정 예산을 새로 세워야 한다.

교회 예산은 대체적으로 1/4분기 경과 후 추경예산을 편성하던지 6개월 경과 후 추경예산을 편성하는 것이 좋을 것 같다. 새롭게 조정하여 편성된 예산에 따라 집행함으로써 질서 있는 예산운영으로 재정관리가 잘 될 수 있다.

추경예산을 편성하고 당회 또는 제직회에 제출하여 심의하고 제직회에서 확정시킨 후에 집행하여야 한다.

현대교회에서 교회 내 모든 업무 중 가장 뒤떨어진 부분이 재정 분야인 것 같다. 너무나도 예산원칙을 지키고 있지 않아 언젠가는 큰 문제가 될 수 있다고 생각된다.

교인들은 교회의 재정 관리에 무관심한 것 같지만 예산과 결산보고서에 대해서는 큰 관심을 가지고 있기 때문에 추경예산의 편성은 큰 의미가 있다.

3. 예비비 사용

예비비 계정은 이미 정해진 계정 이외에 지출되는 예산 계정 중 예측할 수 없는 지출이나 불의의 지출에 충당하고자 하는 계정으로, 일반적으로 이 계정의 예산 금액은 지출예산 총액의 5% 정도로 편성하는 것이다.

예비비 계정은 예기치 못한 불의의 사태에 대비하여 사용하려는 계정이다. 그렇지만 이 예비비 계정사용이 무질서하게 사용되어서는 안 되고 필히 당회나 제직회의 승인을 얻어 지출하여야 한다.

현대교회들은 실제로 예비비 계정 사용에서 당회나 제직회를 거쳐 승인을 받지 않고 사용하는 경우가 허다하다. 이는 교회 재정의 예산 절차나 질서를 문란하게 하는 행위라고 할 수 있다. 하나님께서는 이런 행위를 좋게 생각하지 않을 것이다.

예비비 계정의 금액을 임의로 사용한다면 교회 내에서도 문제가 야기되며 투명하지 못한 재정관리가 된다.

4. 예산통제

'하나님께 바친 헌금을 사용하는데 무슨 통제가 필요한가?' 하는 사람도 많이 있지만, 하나님이 기뻐하시는 예산 집행이 되어야 하기 때문에 통제의 기능이 필요하다. 예산 계정마다 지출되는 모든 계정들을 통제하여야 하며, 교인을 위하여 잘못 저지르는 일이 있어서는 안 되고, 특히 교회 내에서 결산보고서가 당회나 구역회에서 무난하게 잘 넘어갔다고 해서 주님의 뜻대로 되었다고 자위해서도 안 된다. 예산서의 모든 계정은 모두다 주님의 뜻대로 이루어지기 위하여 사용하여야 한다.

그렇기 때문에 교회는 주님의 몸이고 교회의 머리는 주 예수 그리스도시요,[10] 우리 성도들은 그 지체임을 잊지 말아야 하고, 교회 예산을 청구하는 사람도 하나님이 통제한다는 심정으로 청구해야 하며, 지출하는 재정부서에서도 예산이 남아 있다고 해서 무조건 지출해서도 안 된다.

교인 모두가 한마음으로 하나님의 영역사업을 위해 사용한다는 근본에서 시작하여야 한다.[11]

교회예산에 대한 통제는 무엇보다 예산집행 상태를 목차 보고서에 의하여 그 내용을 중심으로 심사 분석하여야 한다.

즉 예산집행의 성과를 파악하고서 잘못되었다고 생각되는 것은 개선할 줄 알아야 한다.

매월 재무제표 분석이 어려운 교회는 최소한 분기별로라도 실시하는 것이 좋을 것이다. 이때 심사분석도 교회 사업단위별로 분석하고 예산집행의 내용을 측정하고 평가하여야 한다.

---

10) 장시화 목사편저, 《《백과 신·구약전서》》, (세계복음화운동본부 출판부 1982), p883.
11) 한국기독교 신도연맹편, 《《전계서》》, p165.

이렇게 하여 예산의 집행에 있어 성과를 올려야 하는데, 현대교회에서는 예산 집행에 있어서 너무나 가볍게 생각하고 있는 게 사실이다.

교회에서는 이런 면에 관심을 가지고 선교 활동에 만전을 기해야 하고 예산을 전용할 때도 불가피한 경우를 제외하고는 전용해서도 안 된다. 전용이란 지출예산을 집행하는 데 부족되는 현상을 말하며, 다른 어떤 방법에 의하여 충족되어야 하는 경우를 의미한다. 예산 전용이 지출지부 계정 중 이동이라 하여 부족 시마다 다른 계정의 예산을 임의로 재정 담당 부서에서 전용을 한다면, 예산 집행은 무질서해지고 혼란이 야기되어 결산 시에 문제가 야기될 것이다. 결국 예산집행 시 통제할 수 없는 상황에 이르러 통제의 기능이 상실되어 현대교회의 재정 관리가 엉망이 되고 말 것이다.

그래서 예산전용은 당회나 제직회의 결의와 승인을 받아야 집행할 수 있는 것이다.

현대교회들은 모든 면에서 문화가 발달되면서 함께 교회가 발전해 가고 있지만, 예산에 있어서는 해마다 늘리는 것을 교세의 확장이라고 생각하면서도 재정 관리를 발전하려는 노력이 부족한 것을 느낀다.

매년 반복되는 재정 관리인만큼 현대교회들은 합리적이고 발전적이며 하나님이 기뻐하시고 모든 교인들이 만족할 수 있는 예산 집행이 되어야 한다.

예산 통제가 선교 사업에 지장을 주어서는 안 되고, 담임목사님의 목회계획과 선교활동에 차질을 가져와서도 안 되는 것임을 명심해야 하고 운용의 묘를 살려 불필요한 예산 낭비를 막는 데 뜻이 있어야 한다.

교인들이 예산집행에 대하여 의심이 생기고, 심해지면 없는 허깨비도 보이게 된다는 말처럼, 헛소문이 돌게 되어 마귀의 역사가 일어나 교회를 소란하게 만들 수가 있다.

재정보고에 대하여 적극적인 자세를 갖지 않는다는 것은 교인들이 재정보고서에 대하여 신임하고 있지 않는다는 증거이이다. 즉 투명도가 낮은 회계처리로 발생되는 불신 의욕이므로 적극적인 해명이 필요하고, 이들로부터 오해받지 않기 위하여 투명하고 신뢰가 갈 수 있는 재정 관리를 잘해야 한다.

교회 전체 공동체 안에서 상호 불신임의 씨를 뿌리는 회계보고서는 하늘나라 영역 확장에 균열이 가게 되고, 전도하는 데 균열을 발생시켜 축복의 열매를 멀리하게 하는 비극이 초래될 것이다.[12]

뿐만 아니라 하나님의 축복의 열매를 맺지 못하게 하는 비극이 초래될 수도 있으니 조심하여야 하고 믿음이 가는 결산보고서가 되도록 재정 담당 부서에서 노력을 기울여야 하겠다.

교회의 재정 관리도 그 시초가 회계학에 두고 있다는 사실을 잊어서는 안 된다. 예산도 회계학의 기초 위에서 이루어지고 있기에, 교회 재정도 회계기준에 의하여 교회에서 이루어지는 모든 거래가 장부상에 빠짐없이 정확하게 기록되어야 한다.

회계장부를 하는 교회나 영리를 목적으로 하는 기관이나 각각 그 기록을 계산하는 목적이 있다. 그 목적에 의하여 교회나 영리를 목적으로 하는 기관은 재정 관리를 그 목적에 따라 진행되어야 한다.

그러므로 교회나 영리를 목적으로 하는 기관은 그 목적에 의하여 진행되어야 하고, 현대교회는 복식부기를 도입한 전산 장부를 만들면 정확하고 신뢰성이 있는 장부가 만들어지고, 결산보고도 일목요연하게 만들어 보고할 수 있어 의심이 가거나 오해받는 장부가 나오지 않는다.

예수님께서도 가룟 유다를 세워 재정 관리를 맡기셨다. 따라서 교회의 재정관리도 주 예수 그리스도의 전도에 봉사하는 일, 주의 몸 된 교회의 활동을 재정적

---

12) 스즈키시 지음, 임택진 옮김, 《교회회계학》, (기독교 교문사 86), p.25

으로 지탱하고 추진시키는 데 그 특색이 있다

일반 회사에서 타당한 경제적 합리성은 교회에서는 맞지 않는 때가 많다. 그러나 그 목적에 독립성이 있다고 해서 교회회계의 방식이 회계기준을 벗어나서 이루어진다고 보는 것은 큰 잘못이다.

교회의 재정 관리도 역시 기업회계 기준에 의하여 이루어지지 않으면 탈선한 기차와 같아서 전복되는 혼란한 사고를 초래할 것이다.

교회재정에 대한 통제의 기능도 기업회계기준에 따른 감사 제도를 도입하여야 할 필요가 있다.[13]

이미 큰 교회에서는 감사 제도를 두고 있는 교회가 많다.

작은 교회도 예산 통제를 위하여 감사 제도를 도입하여 혼자서 생각하는 것보다. 집행 측면이 아닌 통제기능을 갖춘 차원에서 재정관리를 고찰하여 통제하여야 하겠다.

---

13) 스즈키시게요지음, 임택진 옮김, 《교회회계학》, (기독교교문사), p29.

제4장

교회의 재정 체계와 조직

1. 재정관리 부서조직

현대교회에서는 재정부서가 1회계연도의 시간을 통하여 재정관리를 원활하도록 담당 직원과 요원을 두고 있으며, 교회재정에 관하여 조정, 조사, 권유, 관리 등을 맡는 분과로 나누어 조직된다.

재정담당 직원과 요원들은 직무교육을 통하여 해마다 자기가 맡은 직무를 충분히 이해하고, 보다 완벽한 재정관리가 되도록 노력하여야 한다.

재정관리에 대해서는 조정, 조사, 홍보 등을 맡은 부서로 나누어 운영하고 있기도 하다. 그 부서 담당자들은 해마다 맡은 직무 분야에 대하여 계속 연구하고 준비하면서 재정관리 직무를 수행하고 있다.

재정관리를 위하여 재정부는 담당 서기를 두어 전표와 지출결의서 등 서류에 의하여 장부에 기재하여 장부에 의한 재정결산보고서 등을 만들어 감사를 받아 당회나 구역회, 제직회 집회 시에 제출하여 제직회가 전 교인에게 결산보고를 하며 제정상황을 알도록 발표하여야 한다.

예산 결산보고서 등 보고는 분기마다 또는 1년에 두 번 모든 교인들에게 보고하여야 하고 공문, 인쇄물, 계획안 등을 만들어 교회 내에 완전하게 보관하여 두고 필요한 때 활용하도록 하여야 한다.

작은 교회에서는 재정관리가 부원 몇 사람에 의하여 수행되고 있다.

작은 교회라 해도 교회 성장 발전을 위하고 하늘나라 영역 확장을 위한 예산에 대하여 세밀히 연구하고 지출에 대한 연구를 하여야 한다.

작은 교회 재정부는 교회 모든 살림을 포함한 특정의 책임이 있기 때문에, 교회의 요구와 성도들의 요구로 천국사업 도달과 예산에 대한 세밀한 연구를 못하고 있는 교회는 없다.[14]

교회를 지적으로 잘 지도하기 위하여 청지기 사명에 관한 연구를 포함하고, 신자가 각각 천국 사업 발전에 참여하고 능력을 발휘하여 결정하는 연구가 필요하다. 또한 그리스도인 남녀가 주님의 교회와 세계선교에 대한 예리한 인식을 발전시키도록 하는 전 교회적인 교육 행사와, 천국사업 이익에 대해 개인적으로 지지를 얻도록 신도들이 원하는 교회 사업에 대한 연구가 필요하다.

이 천국을 위한 사업은 장기적으로 철저하게 전 교회의 사업이 되어야 하고 계속해서 원활하게 지속되는 건설적인 사업을 요구한다.[15]

재정부는 교회의 모든 부속기관과 더불어 계획을 세우고 협조를 구해야 한다.

교회 내 재정위원회를 설치하고

A. 교회 내 회계지식이 있는 전문가들에게 일임하여 운영토록 하고,

B. 교회 재정 운영을 다른 공공단체의 재정운영 수준으로까지 빠르게 끌어 올려야 하고,

C. 재정관리를 원활하게 운영하여 담임목사와 교회 직무자들이 교회 일에 충실하도록 뒷받침이 되도록 운영하여야 하고,

---

14) 조동진, 《교회행정학》, (크리스챤 헤럴드사 1972), p292.
15) 조동진, 《교회행정학》, (크리스챤 헤럴드사 1972), p261.

D. 교회 담임목사님의 설교를 통하여 교인들이 은혜를 받고 헌금이 예산보다 더 많이 증대되도록 노력하여야 하며,

E. 일정한 양식과 규정에 따라 제도적인 예산이 은혜롭게 집행되도록 하여야 하고,

F. 교회 재정관리가 효율적으로 운영되도록 해야 한다.

2. 회계 기준에 따른 규정의 제정

현대교회가 재정관리의 기능을 다하자면 각 교회가 전 근대성에서 빨리 벗어나야 하고, 시정할 것은 시정하고 개선할 사항은 속히 개선하여야 한다.

큰 교회가 방대한 예산을 세우고 돈을 움직이고 있는 각 교회에 대하여 교인들의 주목이 차차 가중되고 있으며, 어느 일각에서는 궁금증을 느끼고 의구심이 증폭되어 교회가 자체적으로 일에만 재원을 투입하지 말고 광의의 뜻에서 사회를 위하여 환원해 주기를 바라고 있다.

교회가 교육사업, 어려운 사람을 구제하는 사업, 영세민을 위한 의료사업, 젊은 이들을 위한 문화사업 등에 투자하여 우리들이 사는 사회에 적극적으로 기여해 줄 것을 바라고 있으며, 다른 한편으로는 교회 재정이 공개회계가 되기를 은근히 바라고 있다.[16]

한편으로 교적을 가진 교인들도 소속교회의 회계가 적정하게 처리되고 보고되기를 바라며, 재정관리가 효율적으로 운영되기를 바라고 있다.

이런 이유에서 볼 때 교회도 재정관리에 관하여 회계기준에 의한 재정 관리 규정이 제정되었으면 하는 필요성을 느낀다.

---

16) 한국기독교연맹편, 《《전계서》》, p216.

교회 내 회계처리의 적정 회계정보를 수렴하고, 교인 모두에게 유용한 회계정
보가 전달되고 보고가 될 수 있는 교회 회계기준을 제정하여야 하겠다.

이 회계기준은 공정 타당하고 인정받을 수 있는 회계 관습에 의하고 일정한 원
리원칙에서 제정되어야 한다.

3. 재무관리 체계

교회가 성장해 가면서 재정의 규모도 점차 커져서 들어오는 헌금도 많아지면
재무 관리 체제도 가볍게 할 수 없는 여건이 된다.

방대해가는 재산관리도 세심한 주의를 기울여야 한다.

그런데 교회가 발전해가는 변화에 따르지 못한다면, 교회 담임목사나 당회장
과 재직들이 재무 분야에 전문적인 지식이 부족하여 지휘통제의 기능이 완전하
게 이루어지지 못하는 상황에 처하게 된다.

교회의 재정관리는 일조일석에 완전하게 해결될 수 없으므로, 교단마다 재정
관리에 관한 재정 관리학 체제를 갖추고, 신학교 교과과정의 보완으로"교회 재
정학"교과과정을 개설할 필요가 있고, 모든 신학대학에서 신학생들이"교회 재
정학"을 필수 과목으로 이수토록 하여야 한다.

재정교육을 이수함으로 신학교 학도들의 자질을 높이고, 교회 재정관리를 하
나님이 기뻐하시고, 교인 모두에게도 유익하고 만족할 수 있게 될 것이다.

4. 재정관리 통제

재정관리의 통제 조직은 교회의 특수한 조직형태와 경영활동 및 담임목사의
활동 목표를 달성되도록 설계되고 조직되어야 하고, 교회의 성장 발전의 뒷받침

이 되는 것이어야 한다.

담임목사님의 의사결정을 도와주는 두 가지 주요 회계 수단이 예산과 결산 보고서이다.

교회예산은 교회 운영 계획의 계수적 표현이고, 결산 보고서는 예산과 실적이 비교되어 어떠한 차이가 있는지 보여주고 있는 중요한 문서이다.

이 차이는 예외관리를 가능하게 보여주기도 한다.

즉 담임목사님으로 하여금 어떤 부분에 보다 많은 주의를 기울일 것인가를 보여준다. 이 과정에서 계획과 통제를 분리시켜 생각한다는 것은 별로 큰 의미가 없다.[17]

훌륭한 교회 재정의 경영계획이란, 거래에서 일어난 가능성이 있는 모든 상황을 고려한 뒤 신축성 있게 짜여진 계획서를 뜻하기도 한다.

당시에는 전혀 발생되리라 예측하지 못한 상황이 발생된 때에는 담임목사님은 당초 잘못된 계획을 기준 삼아 새로운 통제를 하여야 한다.

1) 조직책임자의 승인에 의한 통제

교회 담임목사님은 각종 헌금의 수입 및 지출이 원칙적인 회계처리 규정에 따라 이루어지고 있는지 교회 내 수입과 지출의 거래를 결재를 통하여 확인하여야 한다. 수입과 지출의 기록은 책임 소재를 확립하고 적절한 보고서가 작성될 수 있도록 기록 계산되어야 한다.

또한, 교회자산은 책임자의 의도대로 사용될 수 없도록 제한되어야 한다.

이는 교회 내부의 조직책임자인 담임목사님의 승인이 필요하다.

2) 거래의 기록 및 분류에 의한 통제

---

17) 차알즈 T. 혼그린 저, 《〈원가회계〉》, (법문사 1985), p33.

교회 내부 통제조직은 거래가 항목별로 정확한 금액의 거래가 발생할 때마다 기록이 되도록 조직되어 있어야 하고, 외부와의 거래는 개별적으로 분류하여 기록 계산하고 발생한 금액이 서로 상계하여 감액하지 말고 총액주의[18]로 기록하여야 한다.

특히 현금, 유가증권 등 오류나 부정행위가 발생되기 쉬운 당좌 자산의 거래는 신속하게 기록하여야 한다.

발생주의에 입각한 기록을 잘하면 모든 부정이 방지되며, 적정한 재무보고서가 작성되기 위해서라도 기초적인 거래의 기록이 절대적으로 필요하다.

3) 기록과 관리조직에 의한 통제

내부 통제 조직의 기본적인 원칙은 책임과 권한을 명백히 규정하는 것이다.

교회의 각종 거래활동이나 자산보관 기능에 대한 책임과 권한을 부여받은 사람과 회계기록에 대한 책임과 권한을 부여받은 사람을 구분시켜 각자 책임과 권한을 분리해야 한다.

또한, 오류나 부정을 범할 수 있는 직위에 있는 사람이 이를 은닉시킬 가능성이 있는 직무를 수행할 수 없도록 책임을 분리해야 된다.

4) 문서와 제도에 의한 통제

모든 교회 임직원들이 전체적인 내부 통제조직을 이해하고 맡은 업무를 충분히 이해할 수 있도록 권한과 책임 조직의 정책 및 업무를 문서화 하여 두어야 한다.

문서는 각 업무에 대한 책임과 권한을 나타내는 조직표를 만들어 운영하는 것

---

18) 거래되는 금액을 가감하지 않고 발생되는 대로 모두 기재하는 것.

이 좋다.

업무의 능률을 올리고 맡은바 직무를 수행할 수 있도록 직무의 성격과 내용을 기록해 놓은 직무의 기술서를 만들어 운영하는 것이 좋으며, 교회 경영 방침과 업무처리 절차를 기술해 놓은 경영 정책 및 업무 편람이 있어야 한다. 또한 여러 업무 간에 상호관계를 효율적으로 나타내는 조직 흐름 도표 및 같은 유형의 거래를 동일하게 회계처리가 되도록 작성하는 계정과목 등이 있어야 한다.

5) 유능한 직원에 의한 통제

재정관리 중 내부통제조직에서 가장 중요한 통제 중 하나가 어떤 사람을 교회 재무 관리 담당으로 채용하느냐 하는 문제라 하겠다.

교회의 재정 담당 사무요원은, 일반사회 직원과 달리 신망이 두텁고 성령 충만하고 지혜가 충만한 사람으로 한 입으로 두말하지 않는 사람이어야 하며, 과음하지 않고 부정한 이득을 탐하지 않으며 깨끗한 양심을 가지고 믿음직하고 진리를 간직한 세례교인이어야 한다.

이와 같은 사람에게 교회 재정관리를 맡긴다면 하나님께서 기뻐하는 교회 재정관리가 될 것이다.

특히 교회의 자산을 취급할 수 있는 담당자는 사무취급 권한이 부여된 직원으로 한정시켜야 한다.

자산의 처분과 사용을 지시할 수 있는 권한을 통한 간접적인 취급까지 사무취급 권한을 가진 직원이 하여야 한다.

교회 내에서 어떤 수입이 발생하면 가능한 한 빨리 집계 분류하여 계정과목을 정하여 기록해야 하며, 기록하는 사람과 집계 분류하는 사람을 각각 다른 사람으로 선임함으로써 상호 견제가 될 수 있으면 좋다.

그러나 작은 교회에서는 사람이 없어 상호 견제할 수 있는 직원이 없어 어려움이 있으며, 어쩔 수 없이 한 사람이 할 수밖에 없는 경우가 있을 수 있다.

6) 감사제도에 의한 통제

감사란, 회사 또는 교회조직체의 경제적 행위와 사건에 대하여 피 감사인의 행하여진 일들에 대하여 적절한지를 판정하고, 그 정보를 회계정보 이용자들에게 전달하기 위하여 객관적으로 증거를 수집하고 평가하는 조직의 과정이라 말할 수 있다.[19]

현대교회의 내부통제제도인 예산제도 및 회계제도가 있다 해도 제대로 운영하지 않으면 완전한 재정관리가 될 수 없다.

그래서 교회에서도 감사의 필요성이 나타나게 되고, 교회 재정에 대한 감사를 함으로써 이미 정해진 제도가 적절히 활용되고 있는지 파악하고, 잘못 운영되고 있는 경우에 올바른 방식으로 이끌어 더욱 효율적인 재정관리가 될 수 있도록 하기 위함이다. 또한 감사를 하는 과정에서 이미 구비된 제도 자체 내에 있을 수 있는 비효율적인 제도로 개선할 수 있도록 하기 위하여 감사가 반드시 필요하다.

감사를 분류해 보면 회계감사와 업무감사로 구분할 수 있는데, 회계감사는 주로 그 조직과 관계없는 외부회계감사가 있고, 그 조직 내에서 선임된 감사가 하게 된다.

외부회계감사는 회계지식을 갖춘 회계사 또는 세무사를 위촉하고 감사를 할 수도 있다.

내부감사는 교인 중에서 담임목사님이 임명한 직분이 있는 자가 맡아서 하기 때문에, 전문지식이 없는 교인이 감사를 하게 됨으로써 형식적인 감사보고서로 끝날 수 있다.

그렇기 때문에 감사 선임 시 되도록 회계지식을 갖춘 교인 중에서 선임하여야 한다.

---

19) AAA, Studiesin Accounting Research, NO.6, "A Statment of Basic Auditing Concepts", p.2.

그런데 어떤 교인이 회계지식을 갖추고 있는데도 감사받기가 까다롭고 불편한 관계로 인해 감사선임을 기피하는 담임목사가 있기도 하다.

이는 감사의 필요성을 느끼지 못하고 있으면서 교회의 재정관리를 자기 마음대로 하려는 목회자이다.

여러 가지 제도나 각종 결산 보고서가 있는데 회계기준에 입각한 교회 회계 감사가 되어야 한다.

제5장

교회 재정의 결산 및 보고서 작성

1. 예산회계에 대한 결산

결산이란, 일정 기간의 경영성과와 일정 시점의 재정상태를 파악하기 위하여 행하는 절차를 뜻한다.[20]

매년 회기 말에 교회재정의 결산 절차란 교회에서 일어난 거래 내용을 분개장에 기입하고, 각 계정 원장을 마감하고 합계 잔액 시산표를 작성하고, 재무제표 (재정상태표, 손익계산서, 기금 처분 계산서)를 작성하는 과정이 결산을 하는 것이다. 결산은 장부에 기장한 기록 내용에 의하여 행하는 것이므로 정확하게 기록하고 각 계정의 원장을 마감하고 결산을 하게 된다.

일반 기업에서는 결산이 종료되면 그 결과 결산보고서가 작성되며, 정기총회에서 주주들의 승인을 받을 때 모든 결산이 확정되는 것이다.

교회 예산회계도 마찬가지로 일정기간의 경영성과와 재정상태를 파악하기 위

---

20) 이동희 저, 《회사결산과 세무》, (한국세무경영사)

하여 장부를 마감하고 문서로 결산 보고서를 작성하고 당회 또는 제직회의 승인을 받아 확정하고 보고하여야 한다.

전에는 수기로 장부를 기장하다가 요즘은 전산 복식장부로 작성하기 때문에 거래내용을 전산 컴퓨터에 계정별 코드 번호로 거래 내용을 입력하면 자동으로 분개되고 각 계정 원장에 기록이 되어 장부가 마감처리 된다. 그렇게 해서 결산 보고서[합계잔액 시산표, 재정상태표, 손익계산서, 잉여금(기금)처분 계산서]가 작성이 되기 때문에 간편하게 결산 보고서를 만들 수 있고, 원하는 각종 보고서를 출력하여 인쇄하면 결산 보고서를 쉽게 만들 수 있어 편리하다.

현대교회에서도 대소 교회를 막론하고 예산에 대한 결산을 하지 않고 있는 교회는 없을 것이다. 자산과 부채 및 기금의 거래도 수기장부나 전산장부나 계정과목을 만들어 기록하고 장부에 의하여 결산보고서가 작성된다.

교회 예산 편성은 수입, 지출, 기금의 3부분으로 나누어 결산해야 하고, 수입과 지출은 수입지부와 지출지부로 나누고, 각 계정의 명칭을 정하여 손익계산서를 작성하면 되는 것이다. 전산 장부의 경우는 코드번호를 지정하고 발생되는 거래 내용을 수기장부와 같이 전산 장부에 입력 기록이 되도록 하면 된다.

각 계정을 마감하고 먼저 합계잔액 시산표를 장부에 의하여 작성하고 재무상태표와 손익계산서, 잉여금처분계산서(교회는 기금처분명세서)를 작성한 결산 보고서를 만들면 된다.

재무규모가 작은 교회는 계정과목 규모를 작게 설정하고 관, 항, 목을 구분하여 작성할 필요는 느껴지지 않으나 5천만 원 이상인 규모의 교회는 반드시 장부를 비치하고 장부를 만들 필요가 있다.

교회 장부도 결산은 년도 말에 한 번 관례적으로 하고 있는데 바람직한 것은 매월 또는 분기별로 작성하면 결산통제상 유익한 정보를 얻고, 예산 집행과정을 검토하고 예산 절감하는 데 유익한 점이 많이 있다.

월말 보고서는 교인들에게 매월 보고할 필요는 없다.

2. 결산 예비 절차

교회 재정회계 보고서는 비교적 단순하여도 기업회계기준에 따른 기업체와 같이 결산의 예비절차를 따라 실행하여야 한다.

이 결산 예비 절차가 잘못되면 올바른 결산을 할 수 없으므로 예산 집행률에 의한 결산 예비 절차에 만전을 기하여 준비하여야 한다.

1) 합계잔액 시산표 작성

합계잔액 시산표는 계정별로 합계와 잔액으로 표시되기 때문에 합계잔액 시산표라고 한다. 합계잔액 시산표는 일계표에서 총계정원장에 전기할 때 오류가 있나 검증하기 위하여 작성하는 것이며, 합계잔액 시산표의 차변과 대변의 합계한 금액이 일치되면 오류가 없는 것으로 인정할 수 있는 것이다. 이 합계잔액 시산표는 결산 서류를 작성하는 데 기초가 된다.

일반 수익사업체의 세무신고에서도 이 합계잔액 시산표는 결산서류를 작성하는데 기초가 되는데, 일반 수익사업체의 세무신고에서도 이 합계잔액 시산표는 재무제표 제출 시 요구하고 있다.[21]

합계잔액 시산표에는 자산, 부채, 기금(자본금)이 표시되는 표이다.

비영리법인의 교회는 수익사업이 없으면 세금 문제는 없고, 다만 교회 내에서 보고만 하고 끝난다고 소홀히 작성하면 안 되며, 하나님 앞에 한 점 부끄러움 없이 정성을 다해 작성하면 하나님이 기뻐하실 것이다.

---

21) 국세청편, 《《소득세 확정신고실무》》, (국세청, 1987), p19.

2) 재고조사표 작성

자산, 부채, 기금(자본금), 수입, 지출은 외부거래가 아닌 사유로 변동되는 경우가 있다. 그러므로 결산의 절차로서 이 변동사항을 수정 기입해서 실지재고와 일치시켜야 한다. 즉 원장의 계정 잔액금액과 재고자산이 일치하지 않을 경우 실지재고조사를 하여 실지재고와 맞도록 계정원장의 금액을 수정하여야 한다.

실지재고와 맞지 않는 계정과목 원장에 의하여 결산보고서가 작성되면 가공결산 서류가 될 것이다. 이렇듯 결산 수정사항이 중요하므로 재고조사를 철저히 하고 맞지 않는 것은 비망 기록을 해두는 것이 바람직하다.

3) 고정자산의 감가상각 계산은 정확한 재정 관리를 위해 필요하다.

건물 비품, 성구, 사무용품 등은 해를 거듭할수록 가격이 떨어지므로 사실 장부에서 감가시켜서 비용으로 처리하여야 한다.

첫째, 이 감가상각비는 법인세법 제23조, 법인세법 시행령의 제24~34조. 법인세법 시행규칙 제12조(별표 5) 동 시행세칙(제15조 3항 관련)에 의한 자산의 내용 연수를 정하고, 고정자산의 상각율표에 의하여 자산가액에 내용연수를 승하여 감가상각비를 계산하여야 한다.

둘째, 채권과 부채의 확정은 결산기마다 확실하게 해두어야 한다.

지출 중에는 원인이 발생했는데 아직 지급하지 못한 미지급 비용이 있고, 원인은 발생되지 않았는데 선지급된 비용이 있다.

선지급 비용과 미지급 비용도 결산 시 확실하게 정리하여야 결산이 정확하고 확실하게 이루어진다.

한편 수입 중에도 원인은 발생하였는데 미수령된 미수금이 있을 수 있고, 원인이 발생하지 않았는데 선구입된 수입금도 있을 수 있다.

이와 같은 채권과 부채를 확정해 두어야 정확한 재무관리가 되며, 당기의 수입과 지출에 가감 수정을 하여야 한다. 결산할 때는 정리되지 않은 거래내용을 확실하게 정리하여야 올바른 결산이 될 수 있다.

3. 결산의 본 절차

결산 예비절차를 마치고 본 절차로 들어서면서 결산 정리사항에 대한 수정이 끝나고, 이것을 수정 분개하고서 먼저 전표에 기입하고, 원장에 기표를 마치고, 계정 단위별로 정리 작업을 끝내고 나면 결산의 본 절차가 시작된 것이다.

1) 집합 수지계정을 설정해야 한다.

결산의 본 절차를 밟을 때 관계계정의 집합 기입이 중요하다.

운용 수지 계산은 수입과 지출이 집합 수지 계정으로 당기의 순이익금 또는 결손금이 산출되게 된다.

예산 회계라 해도 결산 보고서를 작성하여야 하므로 당연히 기업 회계기준에 따른 결산절차를 따라야 정확한 결산보고서가 작성된다.

2) 자산 부채 기금을 이월 정리한다.

재무상태 계산은 자산의 경우 그 잔액이 차변에 나타나면 대변에 차기 이월이라 적자 글씨로 기록하고서 회계연도 말일에 장부를 마감하고, 이듬해 회계연도 개시일에 차변에 전기이월로 흑자로 기록한다. 부채와 기금(자본)의 경우도 잔액이 대변에 나타나 있으면 차변에 차기 이월 적자로 기장하고, 이듬해 장부 개시 일자로 대변에 전기이월로 받으면 자산 부채 기금을 모두 새 장부로 이월시키는 작업이 완료된 것이다.

3) 장부 원장마다 각 원장을 마감해야 한다.

자산장부, 부채 및 기금(자본) 장부와 수입과 지출 장부를 모두 마감하여야 한다. 수입과 지출은 집합 손익계정으로 집합하여 손익을 계산하여 마감하고, 장부상에 마감선을 긋고 합계액을 넘으로써 장부의 마감이 되고, 자산 부채 기금계정의 기말 잔액을 차기 이월로 함으로써 장부의 마감이 끝나게 된다.

실제로 장부를 마감하고 손익계산서와 재무상태표, 그리고 잉여금(기금)처분계산서를 작성하고 나면 장부는 마감된 것이다.

교회에 비치되어 있는 장부는 모두 마감하여야 하며, 교회가 비치하고 있는 장부로서

① 총계정 원장(별지 제1호 서식) - 형식이 어떻든지 예산안과 집행된 금액이 동시에 표시되어 집행을 기준으로 하여 기장하는 장부로 자산 부채 자본(기금)과 수입 지출 내용이 합계된 금액으로 총계정 원장의 잔액 금액을 가지고 결산서류를 작성하기 편리하고 장부원장이 마감된다.

② 금전출납부(별지 2호 서식) - 현금의 입금과 출금 내용을 기록 계산하며, 교회의 현금 시재액과 통장의 금액을 합쳐 일치되는 것이다.

금전 출납부의 잔액 금액은 금고의 금액과 일치되어야 한다.

③ 각종 보조장(별지 3호 서식) - 보조장부의 금액은 총계정 원장 장부와 잔액이 일치되어야 하고, 보조장부는 내용도 자세하게 기록하여야 한다. 교회의 크기에 따라 계정원장을 설정하여 기록 계산하며, 그 종류를 선택하여 비치하여야 한다.

④ 교회 내 수익사업이 있는 경우 수익장(매상장) (별지 제4호 서식) - 수익사업에서 발생된 수입금액, 즉 매출을 기록·계산하는 장부

⑤ 매입장(별지 제5호 서식) - 상품을 매출하기 위하여 상품을 매입하고 기록하는 장부(별지 제5호 서식)

⑥ 경비장(별지 제6호 서식) 교회 내 경비로 지출되는 계정별 원장을 의미하며,

주요장부나 보조장부는 결산 마감일에 모든 보조장을 마감하여야 한다.

4. 결산 보고서 작성

결산 본 절차를 마치고 나서 결산 보고서를 작성하여야 한다.

결산보고서에는 재무상태표(대차대조표), 손익계산서 잉여금(기금)처분 계산서와 각 계정부속명세서를 작성하여야 한다.

1) 손익계산서

손익계산서란 기업의 일정 기간(1년)의 수익과 이에 대응하는 비용을 기재하고, 그 차액으로서 이익(또는 손실)을 표시함으로 당 기간의 경영성과를 밝히는 결산 보고서이다.

손익계산서는 기업의 경영성과를 명확히 표시하기 위하여, 그 회계기에 속하는 모든 수익과 이에 대응하는 모든 비용을 기재하여 경상 손익을 표시하고, 이에 특별손익에 속하는 항목을 가감하여 당기 순손익을 표시하여야 한다.[22]

손익계산서의 양식은 보고식 계정식이 있다.

요즘은 재정규칙에 따라 보고식으로 작성하고, 당기와 직전 연도 2개 사업연도의 비교식으로 한 표로 작성하여 비교 통제를 하고 있다.

손익계산서는 일반적으로 아래와 같은 항목을 갖추고 있다.

① 매출액(용역 수익을 포함, 수입되는 항목을 포함)

② 매출원가(용역원가를 포함)

---

22) 이동희 저, 《회사결산과 세무》, (한국 세무경영사, 1979), pp.308~309.

③ 판매비와 일반관리비

④ 영업외 수익

⑤ 영업외 비용

⑥ 특별이익

⑦ 특별손실

⑧ 법인세 등(소득세)

⑨ 당기순이익(당기 순손실금)

교회도 큰 건물을 가지고 있으면서 임대업 수익사업이 있는 교회가 있으므로 수익사업은 구분 계산 표시하여야 하고, 순수한 교회선교 목적사업은 수지손익계산서도 손익계산서에 해당되므로 당해 회계연도에서의 운영 수지 상황을 표시하는 표이다.

- 총수입-총지출 = 당기 순이익
- 총비용-총수입 = 당기 순손실금
- 손익 계산서의 양식은 별지 7호와 같다.

2) 재무상태표(대차대조표)

재무상태표란, 일정시점(사업연도 말)에 있어서 기업(교회) 자산과 부채 및 자본(기금)을 총괄적으로 표시한 결산 보고서를 말한다.

재무상태표는 재산 상태를 표시하는 데 그 목적이 있다고 하겠다.

여기서 재정 상태라는 것은 일정 시점에 있어서 기업(교회) 재산의 현재가치를 표시하는 것만은 아니다.[23]

재무상태표는 기업의 재정 상태를 분명하게 나타내는 데 그 목적이 있으며, 이

---

23) 이동희 저, 《재무제표 규칙해설》, (일조각, 1981), p281.

로 인하여 경영 성과도 일층 명료하게 표시하는 데 큰 의미가 있다.

기업의 일정 시점에서 본다면 자본이 화폐로 회수된 것도 있을 것이며, 투자된 상태에 따라서 재정 상태를 분명히 하기 위한 재산 계산을 하는 재무상태표를 작성하는 것은 기업의 경영 성적을 보다 정확하게 계산하고 보고하는 데 필요한 것이다.

재무상태표에 기재된 자산 항목은 기업에 투자한 자본의 사용 상태를 나타내는 보고서이다.[24]

재무상태표는 기업(교회)의 이해관계자, 특히 주주(교인)나 채권자에게 기업의 재정 상태를 보고하기 위하여 작성되는 것이므로, 여기에 기재된 자산과 부채 및 자본의 항목은 외부 이해관계자가 이해할 수 있도록 명료성 관점에서 적절하게 구분 분류하고 일정한 순서에 따라 배열 표시하여야 한다.

● 재무상태표(대차대조표) 작성 시
① 계정 구분 표시
② 총액주의 원칙
③ 유동성 배열의 원칙
④ 계정과목의 분류원칙
⑤ 특정 비용의 이연원칙

위의 5대 원칙을 지키면서 재무상태표를 만든다면 좋은 재무상태표(대차대조표)가 만들어 진다.

재무상태표 양식은 별지와 같다(별지 8호).

예산회계법 제42조(결산보고서 등의 작성 및 제출)를 보면, "각 중앙관서의 장은 대통령의 정하는 바에 의하여 매 회계연도 그 소관에 속하는 세입세출의 결산 보고

---

24) 임운섭 저, 《《회계학》》, (법문사, 1966), p67

서, 비결산보고서 및 국가의 채무에 관한 계산서를 작성하여 다음연도 2월 말일까지 재무경제부 장관에게 제출하여야 한다"[25]라고 되어 있다.

교회도 재정보고서가 작성되면 당회나 제직회를 거쳐 당회장에게 보고되어야 하고, 전 교인에게 공개적으로 보고되어야 한다.

3) 이익잉여금(결손금, 기금) 처분계산서 작성

이익잉여금(또는 손실금) 처분계산서(기금처분계산서)도 상법상 결산 서류의 하나이다. 그 기재 방법에 대하여 상법에서 아무런 규정이 없으나, 회사에서는 기업회계기준에 따라 작성하며 양식은 별지 제9호 서식을 참고하여 작성한다.

이익잉여금 처분계산서는 주주총회의 승인을 얻고 확정된 이익처분의 내용을 밝히기 위하여 작성한 보고서인데, 보통 이익(결손) 처분안이라고 한다.

회사의 사업연도 말 재무상태표에 기재된 당기 말 처분 이익잉여금(당기 말 미처분 결손금)은 다음 해 사업연도에 가서 주주총회 결의에 의하여 처분할 수 있다.

그 이익금 처분안은 결산 절차의 일부로서 회사의 이사회의 결의를 거쳐 작성해야 한다.

교회도 결산을 마치고 재정보고서를 작성하고, 당회나 제직회를 거쳐 감사에게 보고하고 감사를 받은 후 전 교인에게 보고한 다음 승인을 받아야 한다.

4) 재무서류 부속 명세서 작성

재무상태표와 손익계산서 설명서의 일종으로 자산(현금, 예금, 유가증권, 성미, 헌 품, 유형고정자산) 등의 명세서를 작성하야 하는데, 해당사항이 없는 경우에는 만들 필요가 없다.

---

25) 황인소 저, 《《예산회계실무》》, (세무교육정보센터), p661.

부속 명세서는 되도록 자세하게 작성하여 재무상태표와 손익계산서와 함께 재무보고서에 첨부하여 전 교인들이 재산에 대한 내용을 알 수 있도록 하여야 한다.

● 상법 제33조(상업 장부의 보전)

① 상인(교회)은 10년간 상업 장부와 영업에 관한 중요서류를 보전하여야 한다. 우전영 [26] (1995.12.29).

② 전항의 기간은 상업 장부에 있어서는 그 폐쇄한 날로부터 기산한다(1995.12.29).

③ 제1항의 장부와 서류는 마이크로 필름 등 기타의 전산정보 처리에 의하여 이를 보전할 수 있다(1995.12.29).

④ 제3항의 규정에 의하여 장부와 서류를 보전하는 경우 기타 필요한 사항은 대통령령으로 정한다(1995.12.29).

재정보고는 교회에서 보고하지만, 이 보고를 드리는 과정은 하나님께 재정 보고하는 것이다.

첫째는, 하나님께 영광을 드리는 재정 보고서가 되어야 하고,

둘째는, 성도들은 자기가 바친 헌금으로 인해 즐거움과 만족을 갖게 되고

셋째는, 섬기는 교회에 기쁨과 보람을 주는 보고서가 되어야 한다.

교회는 성도들이 하나님께 바친 귀중한 헌금을 사용할 때 선교와 전도, 구제, 봉사 등 하나님이 기뻐하는 곳에 사용되기를 바라고 있다.

---

26) 기본 소육법 준 상법, (우일출판사, 1986), p2.

제6장

교회와 종교인 세금

1. 종교법인의 세금

우리나라도 종교법인의 수익사업은 영리 목적 사업이므로 세금을 납부하여야 한다. 교회의 목회자나 교회 직원들이 간혹 종교법인은 세금이 없다고 생각하고 있는 사람이 있다.

종교법인은 기부금 등으로 운영되고 있어 공익법인에 속하면서 비영리법인에 속하지만, 비영리법인이라 해서 모두 비과세가 되고 감면이 되는 것은 아니다.

요즘 대도시에 있는 대형 종교 법인에서 수익사업이나 임대사업을 하는 경우가 있는데, 구분 경리를 하여야 하고 세금을 납부하여야 한다.

수익사업이나 임대업의 경우는 당연히 사업자등록서류를 작성하고 관할세무서에 가서 신고하고 사업자 등록증을 교부받고 사업하여야 한다. 다만 종교 법인의 고유목적사업인 선교 포교 사업에 대해서는 당연히 과세되어서는 안 된다.

종교 법인도 수익사업을 하지 않는 경우 관할 세무서에 가서 고유번호를 지정받아야 한다.

그동안은 수익사업과 임대업 등을 하지 않는 종교 법인에 대해서는 세금을 부과하지 않았다. 그런데 2018년부터 종교인 과세가 시행도고 있다.

개인이나 비영리법인에서 사업자등록을 하고 사업을 할 때 세금을 내고 있는데, 종교 법인이 같은 업종의 사업을 하면서 세금을 내지 않는다면 일반 사업자와 공평하지 못한 일이 벌어진다.

그렇기 때문에 종교법인이 수익사업이나 임대업을 경영하면서 세금을 내지 않고 사업을 한다면 세금만큼 이익을 더 창출하므로 경쟁에서 이길 수 있고, 동업 사업자와 형평상 공정하지 못한 결과가 발생된다.

그렇기 때문에 종교 법인의 수익사업에 대하여 과세하는 것이다.

종교법인의 경우 수익상업에서 발생하는 법인소득에 대하여 당기 순이익이 발생 시에는 법인세와 지방소득세가 과세되고, 2018년부터는 담임목사와 부목사 그리고 전도사에게 소득세와 지방소득세가 과세되는 것이다. 현재 교회에 근무하는 직원들의 매월 지급되는 급여에 따라 근로소득세가 6~42%가 과세되고, 근로소득세의 10% 지방소득세가 과세되며, 다음해 2월에 연말정산하고, 3월 10일까지 각종근로소득세와 지방소득세를 원천징수하여 내야 한다. 그리고 퇴직 시에는 퇴직소득세가 과세되고, 퇴직소득세의 10% 지방소득세도 과세된다.

비영리법인에 대하여는 그 법인의 정관 또는 규칙상 설립목적에도 불구하고 법인세법상 제1조에 수익사업 또는 수입에서 생기는 소득에 대하여 과세되지만, 교회에서 선교를 목적으로 하는 선교사업은 과세되지 않는다.

관할 세무서장의 승인에 의한 법인으로 보는 단체는 아래 3가지 각 호의 요건을 갖추고 관할 세무서장에게 신청하여 승인을 얻을 시 이를 법인으로 보아 법인세법을 적용한다.

A. 교회도 선교를 목적으로 하는 사단 또는 재단, 그 밖의 조직과 운영에 관한 규정을 가지고 있는 대표자는 관리인을 선임하여야 하고,

B. 사단, 제단, 그 밖에 단체 자신의 계산과 명의로 수익과 재산을 독립적으로

소유 관리하여야 하고,

C. 사단, 재단, 그 밖의 단체 수익을 구성원에게 분배하지 말아야 한다.

1) 종교법인의 수익사업에 대한 과세

(1) 비영리법인의 고유목적 사업 준비금으로 손금에 산입

종교법인의 수익사업에서 발생되는 소득에 대하여 과세할 때 비영리법인이 그 법인의 고유목적사업 또는 지정기부금을 지출하기 위하여 고유목적사업 준비금을 손금으로 계상하는 경우에는 일정 금액 범위 안에서 종교법인은 수익사업에서 발생되는 소득을 줄이는 소득금액 계산상 손금에 포함하여 세금이 줄어든다.

(2) 비영리법인의 이자소득에 대한 법인세 신고 특례

*비영리법인의 이자소득 과세표준 신고 특례

비영리법인의 이자소득에 대하여는 다른 소득과 달리 비영리법인의 법인세 과세표준 신고를 하지 않을 수 있다.

이 경우 비영리 법인의 법인세 과세표준에 포함하지 아니한 이자소득(이자 중 일부도 가능)은 금융기관에서 이자 상당액 수령 시 원천징수한 것으로 신고 의무가 종결되기 때문이다.

즉 종합과세인 신고납부 방법과 분리과세인 원천징수 방법 중 하나를 택할 수 있다.

가. 소득세법 제16조 1항 11호의 비영업대금의 이익에 대해서는 위의 규정을 적용하지 아니한다.

나. 비영리법인의 과세표준을 신고하지 아니한 경우 이자소득에 대하여 수정 신고 기한 후 신고 또는 경정 등에 의하여 과세표준에 포함 할 수 없다.

*이자소득만 있는 비영리법인의 법인세 신고특례

가. 이자소득만 있는 비영리법인은 법이세법 시행규칙 별지 제56호 서식에 의하여 법인세 신고를 할 수 있다.

나. 이 경우 재무상태표, 손익계산서, 잉여금(기금) 처분 계산서, 세무 조정계산서를 첨부하지는 않는다.

(예규, 판례)

비영리법인은 이자소득의 분리과세 원천징수 방법을 사업연도마다 선택 적용이 가능하며, 이자소득 중 일부에 대해서도 법인세 과세표준 신고를 하지 아니할 수 있다(서이 46012-10574, 2002.03.21).

*교회명의 토지, 건물 양도 시 양도소득세와 지방소득세 과세

비영리법인으로 보는 교회에도 교회명의 소유 부동산 토지, 건물을 매도하였을 때 목적사업, 즉 목적사업인 선교 사업에 3년 이상 사용하지 못한 건물과 토지는 양도소득세와 지방소득세가 과세되는 경우가 있다.

교회재산을 매도하였다고 해서 무조건 양도소득세와 지방소득세를 감면해주지 않는다.

담임목사들은 이 양도소득세 문제로 어려운 재정에 세금이 과세되는 관계로 큰 문제가 야기될 수 있다.

반드시 관할 세무서에서 비영리 법인으로 교회 고유번호(82)를 등록받아야 하며, 개인으로 평가되는 고유번호(89)를 받아서는 안 되기 때문에 깊이 유의하여야 할 사항이다.

가. 교회건물과 토지를 매도하였을 때 과세되지 않는 경우

비영리법인의 교회도 관할세무서에 고유번호를 신청하고 받아야 한다.

교회는 원래 세금 문제로 비과세되는데 교회의 재산인 토지, 건물은 비영리법인인 교회 유지제단 소유로 등기하여야 한다.

법인 등기를 마치고 교회 건물로 사용하면서 관할세무서에서 xxx_82_xxx 고유번호로 받아야 한다. 그래야 교회 건물과 토지를 매도하여도 양도소득세와 지

방소득세가 과세되지 않는다.

나. 교회건물과 토지를 매도하였을 때 과세되는 경우

소규모교회는 비영리법인이 아닌 담임목사 개인 교회 명의로 소유권 등기하면서 xx교회 담임목사 이름으로 등기가 되는데, 이는 비영리 법인(82)이 아니고 개인(89)으로 분류되어 교회 건물과 토지를 매도할 때 양도소득세와 지방소득세가 과세된다.

개인 목사님 이름으로 교회 건물과 토지소유권이 등기되었다 해도 관할세무서에서는 비영리법인의 소유 교회 건물과 토지로 보지 않기 때문에 교회 고유번호도 xxx_89_xxx로 부여된다. 그러면 개인 명의의 교회건물과 토지를 매도할 때 양도소득세와 지방 소득세가 과세된다.

개인으로 보는 종교단체는 개인에게 과세하는 소득세법에서 종교단체의 건물과 토지를 매도할 때 비과세나 감면규정이 없기 때문에 양도소득세와 지방소득세가 과세된다. 목사 개인 명의의 부동산 매도 시 양도차익이 없는 경우에는 양도소득세와 지방소득세가 과세되지 아니한다.

또한 교회의 건물과 토지가 유지재단 본부 명의로 등기된 경우에도 비영리법인 종교단체가 고유목적 선교사업에 사용하는 것으로 보고 양도소득세와 지방소득세가 과세되지 않는다.

2. 종교인의 과세

종교인의 소득에 대한 종교인 과세가 2018년 1월 1일부터 시행되고 있다.

국회기재위원회는 11월 30일 조세소위위원회와 전체회의를 열고 종교인 소득에 대하여 종교인 소득으로 명시하고, 종교인 소득세를 과세하는 정부안을 의결하고 통과시켰다.

여야국회의원들은 이날 현재 시행령에 근거하고 있는 종교인 소득에 대하여

소득세법상 종교소득으로 명시하고 과세하도록 한 정부안을 통과시켰다. 다만 시행시기를 2년 후 2018년부터 시행하기로 하였다.

지난 2013년 정부가 마련하였던 소득세법 시행령에서 종교인의 소득을 기타소득 중 사례금을 보고 소득에 대한 80%의 필요경비로 인정하여 공제해주고 2016년부터 시행하도록 되어 있었는데, 이번에 소득세법을 다시 개정하고 종교인 소득을 과세하도록 개정한 것이다.

성직자의 학자금, 식비, 교통비 등 실비 변상액에 대해서는 비과세 소득으로 분류하고, 소득구간에 따라 필요경비를 차등적으로 적용하여 공제하고 소득세를 부과하기로 하였다.

종교인의 연간 소득의 범위와 과세 법령을 살펴보면, 종교인 소득에서 비과세 소득을 공제하고 필요경비를 공제한 후 받은 소득에 대하여 세율은 향후 시행령에서 마련하고 구체적으로 정할 예정이다.

연간소득 구간	필 요 경 비
2천만 원 이하	소득의 80%
2~4천만 원	1,600만 원 + 2,000만 원 초과금액의 50%
4~6천만 원	2,600만 원 + 4,000만 원 초과금액의 30%
6천만 원 초과	3,200만 원 + 6,000만 원 초과금액의 20%

종교단체의 원천징수는 납세자의 선택 사항으로 하고 원천징수를 하지 않는 경우 종교인이 직접소득세를 신고 납부하도록 하였다.

여야 국회의원들은 종교인과세에 대한 상식적 세무조사 우려에 대하여 "세무공무원의 질문 조사 시 종교인 소득에 대하여는 법제화 의견 수렴과정에서, 종교계 일부에서 제기한 종교시설에 대하여 상시적 세무조사 우려에 대해 세무공무원의 질문조사 시, 종교인 소득에 대하여는 종교단체의 장부 서류 또는 그 밖의 물건 중에서 종교인 소득과 관련된 부분에 한하여 조사하거나 그 제출을 명할 수 있도록 한다"는 단서를 다는 방식으로 방지책을 마련하였다. 사적으로 사용하는 고가차량을 법인명의 차량으로 등록하고 과도한 절세를 받는 경우가 많다. 이런 비판에 따라 여야 국회의원들은 업무용 차량에 대해 감가상각기준으로 연간 1,000만 원 한도 내에서 비용을 인정해주고, 한도초과금액은 이듬해로 이월해 비용을 인정받을 수 있는 개정안을 통과시켰다.

사적으로 이용하는 차량은 임직원 전용 보험에 가입해야 하고, 감가상각비를 포함한 차량 유지비는 연간 1,000만 원을 넘으면 운행기록부를 작성해 국세청에 제출하여야 한다. 업무용 차량을 매각하는 경우는 그 매매가격을 매각일에 속하는 과세기간의 사업소득금액 계산 시 총수입금액에 산입하기로 정하고 과세하기로 하였다.

업무용 차량을 중고차로 매각해 과세한다는 것이다.

현행소득세법이 고소득자의 기부의욕을 꺾는다는 지적에 대하여 고액 기부금 기준액수를 현행 3,000만 원에서 2,000만 원으로 하향 조정하고, 고액기부금 공제율을 현행 25%에서 30%로 상향 조정하기로 하였다.

종교인의 소득 중에서 비과세되는 것이 있는데, 이는 종교인의 소득에서 빼내고서 세금을 부과하는 것이므로 종교인은 잘 살펴볼 필요가 있다.

1) 비과세되는 소득

① 종교관련 종사자가 받는 대통령령으로 정한 학자금

② 종교관련 종사자가 받는 대통령령으로 정한 식사 또는 식사대

③ 종교관련 종사자가 받는 대통령령으로 정한 실비변상적인 지급액

④ 종교관련 종사자가 그 배우자의 출산이나 6세 이하의 자녀의 보육과 관련하여 종교단체로부터 받는 10만원 이내의 금액

2) 소득의 구분

① 사례금(보수)은 종교인 소득으로 명칭 변경
② 식사대, 교통비 등 실비변상적인 금액, 사택 제공 이익 등 비과세

3) 종교인 소득 수준에 따라 필요경비 적용

종교인의 연간 소득에서 비과세 소득과 필요경비를 공제하고 남은 연간소득에 근로소득이나 기타소득으로 선택하고 소득세를 납부하면 된다.

종교인의 소득원천징수는 월 소득에 12를 곱하여 연간소득으로 환산하여 비과세와 필요경비를 적용하고, 이에 원천징수율 20%를 적용하고 12로 나눈 월 소득에 원천징수함.

4) 종교인 과세 개정내용 요약

구 분	현 행	개 정
법적 근거	소득세법 시행령 기타소득 중 사례금	소득세법 기타소득 중 종교소득
	2013년 11월 종교소득에 과세하는 내용의 소득세법 개정안이 국회에 통과되지 않아 정부는 시행령을 개정하여 근거규정 마련	대다수 종교계가 종교소득을 시행령보다는 법률로 규정하는 것이 바람직하다는 의견 반영
시행 시기	2015년 1월 1일	2018년 1월 1일
	의견 수렴 등을 이유로 시행을 2016년 1월 1일로 1년 연기	국회통과 절차 남음
비과세 소득	-	학자금, 식사대. 교통비 등 실비변상액 비용 인정
필요경비	80% 소득과 관계없이 인정	소득에 따라 4,000만원 이하　　　80% 4,000만원 초과 8,000만원　60% 8천만원 초과 1억5천만원　40% 1억 5천만 원　　　20%

* 현행 세법은 세법이 제정되었지만 시행하지 않고 있던 중 개정됨.

* 종교인의 세금과세는 교회의 성직자와 교회의 직원에 대한 인건비에 과세

(5) 교회는 어떤 장부를 만들어야 하나?

① 교회 고유목적 사업으로 세법상 장부 기장의무는 없으므로 장부를 비치하고 기장할 필요는 없다. 다만 교회 설립 당시 법령 및 정관에 필요한 장부와 내부 규정에 따른 장부만 비치하면 된다.

② 교회 내 수익 사업이 있을 때에는 교회 목적 사업과 수익 사업을 구분, 경리하여야 하며, 교회는 비영리법인에 속하므로 복식기장 의무가 있다.

③ 교회 장부작성과 비치

상속 및 증여세법 제51조 및 시행령 제44조의 규정에 따라 공익법인 등은 소득세 과세기간 또는 법인 사업연도별로 출연 받은 재산 및 공익사업 운영명세서 등에 대한 장부를 작성하여야 하고, 장부와 관계있는 중요한 증빙서류를 교회 내에 비치하여야 한다. 그 다음연도 2월에 교회 자산 총액이 5억 이상인 교회는 2월에 공인회계사, 세무사가 작성하는 세무확인서를 작성하여 3월에 관할세무서에 신고하여야 한다.

교회 내 수익사업이 있을 때 목적사업과 수익사업을 구분 경리하여야 하고, 법인세법 제113조의 규정에 따른 복식장부를 만들어 보관하여야 한다.

그동안 종교인은 세금에 대하여 무관심하다가, 2018년 1월 1일부터 종교인에 대한 과세문제가 발생하여 종교인들에게 큰 문제로 대두되어, 이에 대하여 조금이나마 도움이 되도록 요약하여 기록하였다.

3. 교회 세무와 회계업무

A. 교회는 어떤 장부를(단식과 복식) 만들어야 하나?

ⓐ 교회 목적사업은 세법상 기장의무가 없어 장부를 비치하고 기장할 필요는 없다. 다만 법령 및 정관에 따르면 된다.

ⓑ 교회 내 수익사업이 있을 때는 목적사업과 수익사업을 구분 경리하고, 비영리법인에 속하므로 복식기장 의무가 있다.

ⓒ 교회장부 작성과 비치

출연 받은 재산과 공익사업 운영명세서 등에 대한 장부를 작성하고 비치하여야 한다.

B. 교회가 부동산을 취득할 때 감면되는 세금

지방세 특례제한법 제50조 종교 및 제사 단체에 대한 지방세 감면

종교 및 제사를 목적으로 하는 단체가 해당 사업에 사용하기 위하여 취득하는 부동산에 대하여 취득세를 감면한다.

C. 교회에서 소득이 발생할 때 납부하는 세금

교회는 고유번호 법인으로 신청 시 (***-82-***) 법인세로 신고 납부하고, 교회는 공유번호 개인으로 신청 시 (***-89-***) 소득세로 신고 납부한다.

D. 교회가 고유번호를 법인으로 신청한 경우

교회가 법인으로 고유번호를 신청한 경우, 필요경비로 고유목적 준비금을 설정하고 비용으로 처리할 수 있다.

ⓐ 이자 수입

100% 환급

ⓑ 기타수입

50% 필요경비로 처리하고

ⓒ 고유목적 준비금

비영리법인인 교회가 교회 목적사업에 지출하기 위하여 필요경비로 설정하고 비용으로 처리하면 세금을 줄일 수 있다.

ⓓ 교회가 개인번호로 신청한 경우

교회가 개인으로 소득세를 신고 납부하여야 하고, 법인세보다 세금이 많이 부과될 수 있다.

E. 이자소득만 있는 교회 원천징수와 환급

교회의 이자소득은 있고 타 소득이 없을 때 은행에서 원천징수된 이자소득세를 환급 받을 수 있다.

F. 교회가 부동산을 증여(출연) 받을 때 비과세되는 경우

교회가 교인으로부터 출연 받은 재산을 아래와 같이 사용 시 비과세된다.

ⓐ 3년 이내에 공익목적(교회 선교)에 직접 사용할 때

ⓑ 출연 받은 재산을 수익용 또는 수익사용으로 운영하여 발생되는 소득 70% 이상을 공익목적(교회 선교사업)으로 사용할 때

ⓒ 출연 자산을 매각하고 그 매각 대금 90% 이상을 공익목적사업에 3년 이내 사용할 때 비과세 적용을 받을 수 있다.

G. 종교인(목사 등)세 및 근로소득이 있는 직원

1) 종교인(목사 등) 소득

종교인의 소득에 과세하기 위하여 기타소득의 항목으로 종교인 소득세를 신설한다.

가) 종교단체에 소속된 종교 관련 종사자가 종교예식 또는 종교의식을 집행하거나 관장하는 등 활동과 관련하여 받은 소득을 기타소득 중 종교인의 소득으로 구분하여 법률에 명시하고 종교인 소득 중 학자금, 식사비 및 교통비 등 실비 변상적 성격의 소득을 비과세 소득으로 규정함.

나) 종교 관련 종사자에 대하여 종교인 소득을 지급하는 종교 단체에 대하여 다른 원천징수 의무자와는 달리 원천징수 여부를 선택사항으로 규정하는 등 종교인의 소득과 관련된 과세체계 및 종교인의 소득에 대한 신고 납부 절차를 마련한다.

다) 종교인 소득에 대하여 근로소득으로 원천징수하거나 과세표준 확정 신고를 하는 경우에는 해당소득을 근로소득으로 보도록 함.

라) 세무공무원의 질문 조사 시 종교인 소득에 대하여 종교단체의 장부서류 또는 그 밖의 물건 중에서 종교인 소득과 관련된 부분을 조사하거나 서류제출을 명할 수 있음.

마) 종교인 소득에 대하여 관련된 규정은 2018년 1월 1일 이후 발생하는 소득분부터 적용함.

2) 비과세 소득

가) 종교인으로서 활동과 관련된 학자금
나) 종교단체가 제공하는 식사 또는 월 10만 원 이하 식대
다) 실비변상 금액의 숙식료, 여비, 종교의식에서 착용하는 의복 등
라) 종교단체가 소유한 사택제공 이익과 임차한 주택을 무상, 저가로 제공 받는 이익

3) 필요경비는 소득수준에 따라 차등 적용함

연간 소득의 구분	필요 경비
2천만 원 이하	소득금액의 80%
2천만 원 ~ 4천 만 원	1,600만 원 + 2천만원 초과분의 50%
4천만 원 ~ 6천만 원	2,600만 원 + 4천만 원 초과분의 30%
6천만 원 초과	3,200만 원 + 6천만 원 초과분의 20%

*종합소득세 신고 시 이자 배당 금융소득이 연간 합산액 2천 만원 초과 시 합산하여 종교인 소득세 과세함. 익년 5월에 종합소득세 신고.

4) 종교인의 원천징수액 계산

월소득 × 12 = 연간 소득으로 환산 – 필요경비-소득공제 = 과세소득 × 세율 (20%)적용 / 12 매월 원천징수

5) 종교인 소득을 지급하는 단체의 연말정산 시 납부세액

연간소득 - 필요경비 – 소득공제 = 과세소득 × 세율 – 세액공제 – 기납부세액 = 납부할 세액

6) 종교관련 종사자가 퇴직이후 정기적 또는 부정기적 급여

원로목사가 매월 지급 받는 급여도 기타소득으로 보고 원천 징수함

7) 종교인이 퇴직하고 받는 퇴직금

퇴직금 원천징수하는 방법

(퇴직 전 3개월 급여)/ 3 × 12의 퇴직금 × 근무연수 = 퇴직금액 원천징수함

8) 종교인이 근로소득으로 원천징수 시

근로소득으로 보고 원천징수함.
근로소득으로 원천징수 시 유급직원의 원천징수 방법으로 함.

9) 유급직원은 근로소득으로 보고 원천징수함

가) 근로소득은 근로를 제공하고 받는 봉급, 급여, 보수, 세비, 임금, 상여, 수당과 유사한 성질의 급여

나) 일용근로자는 근로를 제공한 날 또는 시간에 따라 근로대가를 계산하거나 근로를 제공한 날 또는 시간 근로성과에 따라 급여를 계산하여 받는 자로, 동일한 고용주에게 3개월 이상 계속하여 고용되어 있지 아니한 자

다만 건설공사 종사자 하역공사 작업자는 제외

다) 근로소득 과세 표준과 납부할 세액 또는 환급세액

연간 총 급여 - 비과세소득 - 근로소득공제 - 기본공제 - 추가공제 - 연금보험 - 보험료 - 주택자금 - 개인연금 - 소상공인 공제 - 주택마련 저축 - 신용카드 = 과세표준 × 기본세율 = 산출세액 - 세액공제 = 결정세액 - 기납부세액 = 납부 또는 환급세액

라) 4대 보험 징수

유급 직원에게 급여지급 시 공제

① 국민연금 급여액의 본인 부담 4.5%, 교회부담 4.5%

② 건강보험 급여액의 본인부담 3.06%, 교회부담 3.06%

　　장기요양 급여액의 본인부담 3.275%, 교회부담 3.275%

③ 고용보험 급여액의 본인부담 0.65%, 교회부담 0.65 + 고용안전 0.25%

④ 산재보험 산업체별(보건 및 사회복지사업) 교회부담 급여액의 0.7%

10) 교회가 지급하는 원고료와 강사료 원천징수 신고

가) 기타소득

＊이자소득, 배당소득, 부동산 임대소득, 사업소득, 근로소득, 연금소득, 퇴직소득, 양도소득 이외의 소득

① 상금, 현상금, 포상금 또는 이에 준하는 금품

② 복권, 경품권, 추첨에 의한 당첨금

③ 계약위약금이나 해약금 또는 배상금

④ 유실품 습득 또는 매장물 발견 보상금

⑤ 강연료

⑥ 뇌물 알선수제 등

⑦ 종교인 사례비

나) 과세표준

① 고용과 관계없이 다수인에게 강연을 하고 받는 강연료

　강연료 × 80% 필요경비 = 과세표준

② 과세표준 × 20%세율 = 원천징수

③ 원고료와 강의료 등은 기타소득이 250,000원 미만이면 원천징수 제외되며 소득 자료는 세무서에 제출하여야 함

11) 근로 장려를 위한 조세특례규정

저소득자의 근로를 장려하고 소득을 지원하기 위하여 근로 장려 세제를 적용하여 근로 장려금을 지급하는 사회복지 정책의 일환으로 지원하는 조세 특례제도이다.

(1) 근로 장려금 신청자격

소득세 과세기간에 사업소득 또는 근로소득이 있는 거주자로서 대통령령으로 정하는 다음 각 호의 요건을 모두 갖춘 경우 해당 소득세 과세기간의 근로 장려금을 신청할 수 있다.

가) 배우자 또는 부양가족이 있거나 해당 과세기간 종료일 현재 다음 각목의 구분에 따른 연령 이상 일 것

a. 2014년 1월 1일부터 같은 해 12월 31일 이내인 소득세 과세기간 중 : 60세 이상일 것

b. 2015년 1월 1일부터 같은 해 12월 31일 이내 소득세과세기간의 경우 : 50세 이상일 것

c. 2016년 1월 1일부터 같은 해 12월 31일 이내인 소득세 과세기간의 경우 : 40세 이상일 것

나) 거주자(배우자 포함 이하 이조에서 같다)의 연간 총소득액의 합계액이 거주자를 포함하여 1세대의 구성원 전원의 총소득금액이 아래 미만일 것

다) 가구원이 무주택 또는 1세대 1주택(고가주택은 제외)에 해당할 것

라) 가구원이 소유하고 있는 토지 건물 자동차 예금 등 대통령령으로 정하는 재산의 합계액이 1억 4천만 원 미만일 것

마) 위 ① 항에도 불구하고 대한민국 국적을 보유하고 있지 않거나 다른 거주자의 부양자녀인 자

(2) 근로 장려금 산정

가) 단독 가구

총급여액 600만 원 미만　　　　　　: 총급여액 × 77/600

총급여액 600만 원 이상 900만원 미만　: 77만 원

총급여액 900만 원 이상 1,300만원 미만　: 77만 원-(총급여-900만원×77/400

나) 홀벌이 가구

총급여액 900만 원 미만 : 총급여액 × 185/900

총급여액 900만 원 이상 1,200만원 미만 : 185만원

총급여액 1,200만원 이상 2,100만 원 미만

: 185만 원-(총급여-1200만 원)×185/900

다) 맞벌이 가구

총급여액 1,000만 원 미만 : 총급여액 × 230/1000

총급여액 1,000만 원 이상 1,300만 원 미만 : 230만 원

총급여액 1,300만 원 이상 2,500만 원 미만

: 230만 원-(총급여액-1,300만 원)×230/1,200

(3) 근로 장려금 신청기간

매년 5월 1일~ 5월 31일 종합소득세 확정 신고기간 내 신청

기간 후 신청도 가능하며 종합소득세 신고 후 6개월 이내

(4) 근로 장려금 결정

종합소득세 확정 신고기간 (5월 1일~5월 31일) 경과 후 3개월

기간 후 신청일이 속하는 달의 말일부터 3개월

기간 후 신청 시 장려금 지급액은 근로 장려금의 90%에 해당하는 금액

(5) 근로 장려금 환급(지급)의 제한

고의 또는 중대한 과실로 신청한 경우: 해당 연도로부터 2년간 사기나 부정한

방법으로 신청한 경우: 5년간

12) 4대 보험에 대한 가입 탈퇴

(1) 건강보험

국민의 질병 부상에 대한 예방 진단 재활과 출산 사망 및 건강 증진에 대하여 보험 급여를 실시함으로써 건강향상과 사회보장 증진에 이바지함을 목적으로 한다.

① 가입자: 직장가입자와 지역가입자로 구분하며 1개월 이상 일용근로자

② 사업장 신고: 14일 이내 적용대상 사업장 신고(휴 폐업도 동일)

③ 직장 가입자: 14일 이내 직장가입자 취득신고(상실 신고도 동일)

④ 건강보험료: 근로자 보수의 5.89% (본인 50%, 사업주 50%)

⑤ 지역 가입자: 소득 재산 자동차 가구원 수를 종합하여 점수로 환산 172.7원 (가입자 50%, 국고 35%, 건강증진기금 15%)

⑥ 장기요양보험: 건강보험료 6.55%

⑦ 보험급여: 진료비(건강보험부담 80%, 본인 20%), 외래(건강공단 50~80% 본인 50~20%)

(2) 국민연금

국민의 노령 장애 또는 사망에 대하여 연금급여를 실시함으로써 국민생활의 안정과 복지 증진에 이바지함에 목적이 있는 공적 연금이다.

① 가입대상자: 국민으로서 18세 이상 60세 미만

② 가입자종류: 사업장 가입자 지역 가입자, 임의 가입자 및 임의 계속사업자

③ 가입자격취득 및 상실시기: 사업장에 사용자가 된 때와 사용관계가 된 때

(3) 고용보험

실업보험사업을 비롯하여 고용안전 사업과 직업능력 사업 등 노동시장 정책을 적극적으로 연계하여 통합적으로 실시하는 사회보장보험이다.

① 당연 적용사업장: 사업이 개시되거나 사업이 적용요건을 충족하게 되었을 때 사업주 또는 근로자 의사와 관계없이 자동으로 보험관계가 성립된다.

② 임의 가입 사업자: 고용보험법에 의무적용을 받지 아니한 사업

③ 고용보험: 개산보험료(근로자 1년치 예상 임금 총액×보험요율) - 연 4회 분할 납부

④ 고용보험료: 실업급여 1.3%(근로자 0.65%, 사업자 0.65%)

⑤ 고용보험료: 고용 안정 0.5%(근로자 0.25%, 사업자 0.25%) 150인 이하

(4) 산재보험료

산재근로자와 그 가족의 생활을 보장하기 위하여 최적의 산재보상과 재활지원 및 복지증진을 통해 삶의 질을 향상시키기 위하여 국가가 책임지는 의무보험이다.

① 산재보험요율: 업종별로 요율을 적용 비영리 종교는 요율이 미정이나 보건 및 사회복지 사업은 0.7%이다.

② 산재보험료: 전액 사업주 부담, 교회는 교회 부담

13) 개신교 세부 과세기준(안)

●종교단체가 소속 종교인에게 지급할 때 과세 여부

① 생활비: 종교인에게 매월 지급하는 생활비 종교인 소득 과세

② 사례비: 종교인에게 매월 지급하는 사례비 종교인 소득 과세

③ 상여금: 종교인에게 지급하는 상여금 종교인 소득 과세

④ 격려금: 종교인에게 지급하는 격려금 종교인 소득 과세

⑤ 사택공과금: 종교인이 부담할 비용을 종교단체가 부담한 비용 종교인 소득 과세

⑥ 휴가비: 종교인에게 지급하는 휴가비 종교인 소득 과세

⑦ 특별격려금: 종교인에게 지급하는 특별 격려금 종교인 소득 과세

⑧ 건강관리비와 의료비: 매월 정기 지급비용 종교인 소득 과세

⑨ 이사비: 종교인에게 지급하는 비용 종교단체가 부담 종교인 소득과세

⑩ 목회활동비: 종교단체를 위해 실지 지급한 비용 비과세

매월 정기적으로 일정액 지급 시 종교인 소득 과세

⑪ 접대비: 종교단체를 위해 지출비용 비과세

매월 정기적으로 일정액 지급 시 종교인 소득 과세

⑫ 도서비: 종교인에게 매월 정기적으로 지급 종교인 소득 과세

⑬ 연구비: 종교인에게 매월 정기적으로 지급 종교인 소득 과세

⑭ 수양비: 종교인에게 매월 정기적으로 지급 종교인 소득 과세

⑮ 판공기밀비: 종교단체를 위해 지출한 비용 비과세

매월 정기적으로 일정액 지급 종교인 소득 과세

⑯ 축 조의금: 종교단체 명의로 지출된 비용 비과세(매월 정기적으로 일정액 지급 종

교인 소득 과세)

⑰ 교육비: 본인 학자금 지원금 비과세. 본인에 대한 학자금 비과세 요건 충족

못하면 종교인 소득 과세

⑱ 차량유지비: 본인차량 이용 월 20만 원 비과세(초과분 종교인 소득 과세)

⑲ 국민 보험료 : 종교인 부담할 금액 종교단체가 부담 종교인 소득 과세

⑳ 출산, 보육: 출산이나 6세 이하 보육지원(월 10만 원 초과분 과세) 비과세

㉑ 건강보험료: 종교인이 부담할 금액 종교 단체가 부담 종교인 소득 과세

㉒ 통신비: 종교인에게 매월 정기적으로 일정금액 지원 종교인 소득 과세

㉓ 사택지원: 종교단체 소유임차제공 비과세(금전으로 지급 종교인 과세)

㉔ 출장비 여비: 실비 변상적 지급액 비과세(월정액 지급 종교인 과세)

㉕ 식사대: 월 10만 원 이하 식대 비과세(초과분 종교인 소득 과세)

㉖ 심방사례비: 신도가 종교인에게 직접 지급 비과세(신도가 종교인을 통해 종교 단

체에 지급 비과세)

㉗ 주례비: 신도가 종교인에게 지급 비과세(종교단체에 지급 비과세)

㉘ 강의료 학교에서 강의하고 종교인이 지급 받을 때 비과세

㉙ 부흥회 사례비: 종교인이 소속되지 않은 종교단체에서 받을 때 종교인

소득(종교인이 속한 단체에 지급한 경우 종교인 소득 아님 비과세)

㉚ 해외선교비: 다른 단체로부터 해외 선교비를 받을 때 종교인 소득 과세

㉛ 종교단체지원금: 다른 종교단체가 지원하며 종교단체로 귀속한 때 비과세

14) 교회에서 하여야 일

① 종교인의 소득결정

목사님들의 소득을 기타소득으로 할 것인지 근로소득으로 할 것인지를 결정하여야 한다.

＊기타소득 : 근로자가 아니며, 4대보험 해당 없고, 근로장려금, 자녀 장려금 신청 할 수 없다.

＊근로소득 : 4대보험 가입이 의무이고 1/2 본인 부담, 1/2교회 부담. 근로장려금, 자녀장려금 신청이 가능하다.

② 원천징수방법 관할 세무서에 월별, 반기별 신청하여야 한다.

③ 목회활동비는 비과세되므로 정관과 재무회계규칙 규정을 제정하거나 개정하여야 한다.

④ 종교인, 전도사, 직원 급여대장 비치.

⑤ 종교인, 전도사, 직원퇴직금 금융기관에 가입.

⑥ 종교인, 전도사 국민연금에 가입해야 연금 받을 수 있다.

⑦ 담임목사 명의 사례비 통장개설하고, 종교 활동비 통장개설하고 사용.

⑧ 지출경비는 현금영수증, 카드영수증, 세금계산서, 계산서, 지출결의서(경조비 등) 사용하고 경조사 지급대장 비치.

⑨ 종교인은 종교인 원천징수 간이표에 의하여 원천 징수하고, 근로소득자는 근로소득 원천징수 간이표에 의하여 징수하고 익년 2월에 정산한다.

제7장

현대교회의 장부 구성

1. 장부의 구성

교회의 재정문제는 교회 여러 업무 중에서 중요한 위치를 차지하고 있다. 재정 문제를 합리적이고 합법적이며 민주적으로 회계기준 원리에 따라 운영한다면 교회는 틀림없이 성장 발전할 것이다. 초대교회에서 제사장이 성도들이 헌납한 재물을 임의 처분하여 재정을 운영할 때, 그 교회 성도들은 자기가 바친 헌납한 물질에 대하여 하나님께 바친 것으로 만족하고 재정운영 처리에 대하여 모두 무관심하였다.

그러나 현대교회는 교회 성도들이 교회에 헌납한 모든 재물이 특정인이나 목회자가 자기 마음대로 임의처분하도록 허용하지 않으며, 교회 성도들은 자기가 헌납한 헌금이 어떻게 사용되고 있는지 관심을 가지고 있다.[27]

그뿐만 아니라 이제는 교회 밖에서도 따가운 눈초리로 바라보고 있다는 사실을 생각하고, 재정 관리에 있어서 합리적이고 올바르게 운영하여 하나님께 영광 돌리고 많은 교인들에게 신뢰가 가도록 해야 한다.

---

27) 한국기독교신도연맹편 〈〈교회재정의 이론과 실제〉〉, pp253~254.

특히 대형교회에는 많은 교인들이 있고, 교회 재산도 많이 가지고 있다.

그러므로 이제는 회계분야에 전문 지식이 있는 담당자에게 맡길 필요를 느낀다. 그렇게 할 때 교회장부를 회계기준에 맞추어 장부를 구성하고, 계정과목을 현대교회에 맞게 세워서 기장하여야 결산서류를 반듯하게 만들어 재정보고를 할 수 있다.

종래의 관습대로 교인들이 주일날 교회에 참여하여 몇 시간씩 봉사하고 재정부의 일을 돕는 것으로는 교회의 재정관리 사무가 어려우며, 또한 맡은 자도 당연직으로 교체되는 관계로 완전하게 인수인계가 되지 못하여 어려움이 따르므로, 재정직 담당자를 채용하여 교회의 재정관리를 하여 교회의 재산 관리에 효율성을 기해야 하겠다.

그런 면에서 신학대학교에서도 교회재정에 대한 재정학과를 신설하고, 교회재정에 관한 회계학도 배워야 하며, 성직자들도 재정학 교육을 배워야 한다.

1) 장부조직은 기업회계 기준에 맞게 조직한다

큰 교회와 작은 교회가 다 똑같게 장부를 조직할 필요는 없지만, 회계기준에 맞는 장부를 조직하여야 한다.

요즘 장부를 조직하고 기록 계산할 때 수기로 기장을 하고 있는 교회도 있지만, 대다수의 현대교회는 전산으로 장부를 조직하고 전표에 의하여 전산에 입력한 후 재무제표 등 모든 정보를 보고서로 작성하여 당회나 재직회에 보고하고 있다.

전산장부를 도입하면 정확하고 신뢰가 가는 복식부기에 의한 장부가 되고, 입력만 하면 우리가 원하는 재무상태표(대차대조표), 손익계산서 자본금(기금)처분 계산서 등 각종 계정별 원장도 일목요연하게 보고서를 작성할 수 있다.

2) 복식부기 제도에 맞게 장부를 조직한다

교회 내에서 일어나는 모든 거래는 이중성을 갖는 거래이다.

영리를 목적으로 하거나 비영리 목적으로 하는 거래가 똑같이 거래의 이중성을 가지고 있기 때문에, 거래가 발생하면 자산, 부채, 자본(기금)이 변동될 때 어느 한쪽이 증가하면 다른 한쪽은 감소되는 현상이 일어난다. 이를 현금 거래로 비추어 보면 거래의 이중성을 이해할 수 있으며, 한 예로 교회 비품을 구입하면 교회 비품이 생기고, 다른 한쪽 현금이 그만큼 줄어든다.

늘어난 비품은 비품계정에 올리고 현금은 값을 지불하였으므로 그만큼 현금계정에서 줄어든다.

3) 장부 계정과목 설정은 회계 전문가의 도움을 받아 설정한다

각 교회에서 필요한대로 계정과목을 만들어 사용하면 되는 것이며 별도양식과 규정은 없다. 다만 회계기준을 벗어나는 것은 안 되지만 회계기준에 맞는 계정과목이면 되는 것이다.

각 교회에서 장부 계정과목을 구성하는 것을 돕고자 하여 저자가 별첨한 각종 계정과목을 구성하고서 별첨하였으므로 참고하여 현대교회에서 필요로 하는 장부계정과목을 자기 교회에 맞게 만들면 될 것이다.

장부의 양식은 아래와 같이 만들어 사용한다.

2. 계정과목 해설

1. 수입 지부

관	항	목	적 요
주일헌금	주일,수요,헌금	예배 시 헌금	주일, 수요예배 등 하나님께 바친 헌금
십일조헌금	소득의 1/10	월 급여 1/10	월 급여소득1/10 하나님께 바치는 헌금
기도헌금	기도회 헌금	기도 회 헌금	기도회 때 하나님께 바치는 기도헌금
월정헌금	매월정한 헌금	월 작정 헌금	매 월 정해 놓고 바치는 헌금
구역헌금	구역회 헌금	구역모임헌금	금요일 구역별로 예배 시 드리는 헌금
감사헌금	감사 헌 금	감 사 헌 금	하나님의 은혜에 감사하여 드리는 헌금
부흥회헌금	부흥회 헌 금	부흥회 헌 금	부흥회 예배시 드리는 헌금
부활절헌금	부활절 헌 금	부활절 헌 금	예수 부활절에 드리는 헌금
맥추절헌금	맥추 감사헌금	맥추절 헌 금	맥추절에 드리는 감사 헌금
추수절헌금	추수 감사헌금	추수절 헌금	추수절에 드리는 감사 헌금
성탄절헌금	성탄 감사헌금	성탄절 헌금	성탄절에 드리는 감사 헌금
선교헌금	선교 감사헌금	선 교 헌 금	대내외 선교를 위하여 드리는 헌금
교육헌금	교 육 지원헌금	교 육 헌 금	교육 지원을 위하여 드리는 헌금
건축헌금	건축 감사헌금	건 축 헌 금	교회건축 증축을 위하여 드리는 헌금
교회학교헌금	주일학교 헌금	교회학교헌금	교회 주일학교 지원헌금
특별헌금	특 별 헌 금	특 별 헌 금	특별한 선교사업을 위하여 드리는 헌금
기타헌금	기 타 헌 금	기 타 헌 금	관 항 목 에 속하지 않은 수입헌금
재산운영	임 대 수 입	임 대 수 입	점포나 사무실 임대수입
	사 용 료 수 입	사용료 수입	교회건물을 사용하게 하고 받는 수입금
사업수입	수입 사업전입	수입사업전입	수입사업 전입 수입금
	출판 물 수 입	출판물수입금	출판물 판매 수입금
	간행 물 수 입	간행물수입금	간행물 판매 수입금
기타수입	이 자 수 입	은행이자수입	은행에 예금하고 이자 받는 수입금
	유가증권 이자	유가증권이자	유가증권 이자 수입금
	불용품 판매금	불용품판매금	불용품 판매 수입금액
	묘 지 수 입	묘지사용수입	묘지를 분양하고 받는 금액
	잡 수 입	잡수입 금액	기타수입으로 속하지 않는 금액
자산처분수입	자산처분 수입	자산처분수입	자산처분 시 발생되는 수입금
	유가증권 이자	유가증권이자	유가증권 처분 시 발생되는 이자
	고정자산 처분	고정자산처분	고정자산처분 시 발생되는 수입금

2. 지출 지부

관	항	목	적 요
인 건 비	교역자 보수	목사 사례비	목사, 부목사, 전도사 사례비 종교인 과세
	직 원 급 여	사무실, 급여	사무실, 기사, 식당 종사원 급여
	상 여 금	목사, 사무실	교역자, 사무실, 식당 종사자 상여금
	제 수 당	목사 사무실	교역자, 사무실, 식당 종사자 제수당
	퇴 직 금	목사, 사무실	교역자, 사무실, 식당 종사자 퇴직금
	강 사 료	부흥사경강사	부흥강사, 사경회 강사 사례비
	임 금	일용 근로자	일당 알바 사례비
	퇴직금충당금	교역자사무실	교역자 사무실 퇴직금 적립금

관	항	목	적 요
일반 관리비	여비 교통비	여비 교통비	여비와 교통비 출장 비용
	복리 후생비	후생 복리비	직원 후생 복지 비용
	통 신 비	통 신 비	전화료와 휴대폰 사용료
	수고 광열비	수도 광열비	수도료, 전기료, 난방 비용
	소 모 품 비	소 모 품 비	소모성 비용
	도서 인쇄비	도서 인쇄비	도서 구입비와 주보, 봉투 등 인쇄 비용
	연 료 비	연 료 비	난방비와 연료비용
	접 대 비	접 대 비	래객 접대와 교회에 찾아온 접대 비용
	제세 공과금	세금,공과금	교회가 부담하는 세금과 공과금 비용
	광고 선전비	광고 선전비	신문광고와 교회선전 비용
	지급 수수료	지급 수수료	교회부담 수수료 비용
	교육 훈련비	교육 훈련비	목사, 부목사, 전도부 교육 훈련 비용
	지급 임차료	지급 임차료	자기 교회가 아니고 임차하여 교회임차료
	수 선 비	수 선 비	교회 수선 시 지급하는 수선하는 비용
	운 반 비	운 반 비	운반비와 운임 지급 비용
	지급 수수료	지급 수수료	교회가 부담하는 지급 수수료 비용
	보 험 료	보 험 료	교회 자동차 보험과 화재보험료 비용
	차량 유지비	차량 유지비	교회차량 유지를 위한 비용
	피 복 비	피 복 비	목사님과 성가대가 입는 가운 비용
	업무 추진비	업무 추진비	종교활동비용와 업무추진 품위 유지 비용
	연 수 비	연 수 비	목사님과 부목사 전도사 연수 비용
	경 조 비	경 조 금	목사님과 전도사 교인의 경조사 비용
	홍 보 비	홍 보 비	교회활동과 교회홍보를 위한 비용
	선 교 비	국내 선교비	국내 선교를 위한 비용
		국외 선교비	국외 선교를 위한 비용

	전 도 비	국내 전도비	국내에서 전도하는 데 사용한 활동비용
		국외 전도비	국외에서 전도하는 데 사용한 활동비용
	구 제 비	빈곤 구제비	빈곤자를 위하여 사용하는 구제비용
		질병 구제비	병든자를 위하여 사용하는 구제비용
		불우 구제비	불우한 이웃을 위해 사용하는 구제비용
	교 육 비	교회학교비용	교회주일학교를 위하여 사용하는 비용
		수련 단련비	주일학교 수련회와 교육 등 단련비용
		평신도교육비	평신도 교육을 위해 사용하는 교육비용
		교육자교육비	교회교육자 교육을 위해 사용하는 비용
		초청자교육비	기도, 전도자 초청교육에 사용하는 비용
	행 사 비	부흥회 비용	부흥회를 위하여 사용하는 비용
		사경회 비용	사경회를 위하여 사용하는 비용
		행사 예식비	교회 행사를 위해 사용하는 비용
	사 업 비	출 판 비	교회에서 발행하는 인쇄물 비용
		간행물구입비	교회에서 필요한 간행물 구입비용
	기타 지출비	기타 지출비	교회 내에서 발생하는 기타 지출비용
		묘지 관리비	교회묘지 관리 유지비용
		기타 운영비	교회 내에서 사용하는 기타 운영비
		지 급 이 자	은행 대부와 차입금 이자비용
		유지 재단비	교단유지를 위한 재단부담금 비용
	잡 비	잡 비	위의 계정과목에 속하지 않는 비용
	영업의 비용	지 급 이 자	은행대부와 차입금 이자비용
		유지 재단비	교단유지를 위해 부담하는 재단유지비용

3. 전산회계프로그램 계정과목 활용 방법

현재 우리나라에서 교회 전산프로그램을 개발한 회사가 몇 군데 있는데 교회 재정과 교적관리 등 많은 정보를 얻고자 교회에서 월정료를 내고 사용하고 있다.

전산회계프로그램은 각 교회에서 발생되는 수입금액과 지출금액이 발생될 때마다 입출금 전표나 또는 수입금액 결의서와 지출금액 결의서를 사용하여 전산에 입력 시키고 있는데 수입금액과 지출금액을 입력 시킬 때 전산회계프로그램 회사가 정해 놓은 계정과목 코드번호로 입력을 시키면 교회에서 원하는 회계정보 즉 재무상태표, 손익계산서, 잉여금(기금) 처분계산서, 합계잔액시산표등을 인

쇄하면 교회에서 원하는 회계정보를 얻을 수 있다.

저자는 장부조직 및 회계정보에 필요한 회계이론과 지식을 습득허여 전산회계 프로그램 사용하는데 도움을 드리고자 노력하였으며 2018년부터 시행하는 목회자 종합소득세와 교회종사자의 근로소득세 원천징수를 하여 각 교회에서 필요한 전산회계프로그램을 사용하여 세무서에 종합소득세(국세) 신고서를 신고하고 은행에 세금을 납부 하면 된다. 지방소득세(국세의 10%)는 그 지역 은행에 납부하여 한다. 교회에서 전산회계프로그램을 선택 할 때 많은 정보를 살펴보고 신중하게 선택하시기 바란다.

3. 장부계정과목 명세서

(별지 제1호)

총 계 정 원 장

년 월 일	적 요	차 변	대 변	차 대	잔 액

(별지 제2호)

금 전 출 납 부

년 월 일	적 요	수 입 금 액	지 출 금 액	잔 액

○ ○ 보 조 장

년 월 일	적 요	차 변	대 변	차 대	잔 액

수 입 장

관	항	목	예산총액	기수입금	금월수입	수입총액	예산 잔액

매 입 장

년 월 일	품 명	수 량	단 가	매 입	지출금액	잔 액

경 비 장

년 월 일	적 요	금 액	비 고

(별지 제7호)

재무상태표(대차대조표) 보고식

제X XXX 기   200X년 월 일   OOOO 교회

과 목	금	액	과 목	금	액
자 산			부 채		
1. 유 동 자 산			1. 유 종 부 채		
(1) 현 금			(1) 지 급 어 음		
(2) 예 금			(2) 당 좌 차 월		
(3) 유 가 증 권			(3) 단 기 차입금		
(4) 받 을 어 음			(4) 미 지 급 금		
(5) 대 여 금			(5) 예 수 금		
(6) 미 수 금			(6) 미지급 비용		
(7) 저 장 품			(7) -------		
(8) 선 급 금					
(9) 선 급 비 용			유동부채 합계		
(10) 성 미			고 정 부 채		
(11) 헌 품			(1) 장기 차입금		
(12) --------			(2) 퇴직금충당금		
유동자산 합계			(3) --------		
2. 고 정 자 산			고정부채 합계		
〈1〉 유형고정자산			부 채 총 계		
(1) 토 지					
(2) 건 물			기 금		
(3) 구 축 물			(1) 기 금		
(4) 차량 운반구			(2) 재평가적립금		
(5) 비 품			(3) 당기말미처분		
(6) 성 구			잉여금(또는 미처분결		
(7) 임차 보증금			손금)		
(8) 건설 가계정					
(9) ×××××			가. 당기이월이여금		
(유형고정자산합계)			(또는 결손금)		
〈2〉 무형고정자산			나. 당기순이익금		
(1) 전화 가입권					
(2) ---------			기 금 총 계		
(무형고정자산합계)					
고정자산 합계					
자 산 총 계			부채와 기금 총계		

재무상태표(대차대조표) 계정식

제 XXX 기　　　　　　　　200X년　월　일　　　　　　　　OOOO 교회

자　　산	금　　액		부 채 와 기 금	금　　액	
1. 유 동 자 산			1. 유 동 부 채		
(1) 현　　　　금			(1) 지 급 어 음		
(2) 예　　　　금			(2) 당 좌 차 월		
(3) 유 가 증 권			(3) 단기 차입금		
(4) 받 을 어 음			(4) 미 지 급 금		
(5) 단 기 대 여 금			(5) 예 　수 금		
(6) 대 　여 　금			(6) 미지급 비용		
(7) 미 　수 　금			(7) -------		
(8) 저 　장 　품					
(9) 선 　급 　금			2. 고 정 부 채		
(10) 성 　　미			(1) 단기 차입금		
(11) 헌 　　품			(2) 퇴직급여충당		
(12) ----------					
			부 채 총 계		
2. 고 정 자 산					
(유형고정자산)			2. 고 정 부 채		
(1) 토　　　　지			(1) 장기 차입금		
(2) 건　　　　물			(2) 퇴직 충당금		
(3) 구 축 물			(3) ---------		
(4) 차 량 운 반 구					
(5) 비			부 채 총 액		
(6) 성　　　　구			1. 기 　　금		
(7) 임 대 보 증 금			(1) 기 　　금		
(8) 건 설 가 계 정			(2) 재평가적립금		
(9) ----------			(3) 당기말미처분잉여금(또는 말미처리 결손금)		
			가.전기이월이여금(또는 전기이월잉여금)		
(유형고정자산)			나. 당 기 순 이 익		
(1) 전 세 권					
(2) 전 화 가 입 권			기 금 총 계		
(3)------------			부채 와 기금 총계		
자 산 총 계					

손 익 계 산 서 (보고식)

제 xxx기   20xx년 월 일 ~ 월 일   ○○○○ 교회

계 정 과 목	금	액	계 정 과 목	금	액
1. 수　　　입			2. 지　　　출		
(1) 헌　　　금			(1) 인 건 비		
1) 주 일 헌 금			1) 교 육 자 보 수		
2) 십 일 조 헌 금			2) 직 원 급 여		
3) 기 도 회 헌 금			3) 상 여 금		
4) 월 정 헌 금			4) 제 수 당		
5) 구 역 헌 금			5) 퇴 직 금		
6) 일반 감사 헌금			6) 강 사 료		
7) 부흥사경회헌금			7) 임 차 료		
8) 부활절감사헌금			8) 퇴직충당금전입액		
9) 맥추 감사 헌금					
10) 추수 감사 헌금			(2) 일 반 관 리 비		
11) 성탄절감사헌금			1) 여 비 와 교통비		
12) 선 교 헌 금			2) 복 리 후 생비		
13) 교 육 헌 금			3) 통 신 비		
14) 건 축 헌 금			4) 수 도 광 열비		
15) 교회 학교 헌금			5) 소 모 품 비		
16) 특 별 헌 금			6) 도 서 인 쇄비		
17) 기 타 헌 금			7) 연 료 비		
(2) 재산 운 영 수입			8) 접 대 비		
1) 임 대 수 입			9) 세금 과 공과 금		
2) 사 용 료 수입			10) 도 서 인 쇄비		
(3) 사 업 수 입			11) 광 고 선 전비		
1) 수입사업전입금			12) 지 급 수 수료		
2) 출판물판매수입			13) 교 육 훈 련비		
30 간행물판매수입			14) 지 급 임차료		
(4) 기 타 수 입			15) 수 선 비		
1) 수 입 이 자			16) 운 반 비		
2) 유가증권 이자			17) 제 세 공 과금		
3) 불용품판매수입			18) 보 험 료		
4) 묘 지 수 입			19) 차 량 유 지비		
5) 잡 수 입			20) 피 복 비		
(5) 자산 처분 수입			21) 업 무 추 진비		
1) 유가증권 이 자					
2) 고정자산처분수입					

계 정 과 목	금	액	계 정 과 목	금	액
22) 연　수　비			(7) 행　사　비		
23) 경　조　금			1) 부 흥 회 비		
24) 잡　　　비			2) 사 경 회 비		
(3) 선　교　비			3) 행 사 의 식 비		
1) 국 내　선 교 비			(8) 사　업　비		
2) 국 외　선 교 비			1) 출　판　비		
(4) 전　도　비			2) 간 행 물 구입비		
1) 국 내　선 교 비			(9) 영 업 외 비 용		
2) 국 외　선 교 비			1) 지 급 이 자		
(5) 선　교　비			2) 묘 소 관 리 비		
1) 빈곤자 구 제 비			3) 기관운영보조비		
2) 질병자 구 제 비			4) 유지재단부담금		
3) 불우 이웃 구제비			5) ----------		
(6) 교　육　비			6) ----------		
1) 교회학교 운영비			7) ----------		
2) 수 련 단 련 비			8) ----------		
3) 평 신 도 교육 비					
4) 교 육 자 교육 비					
5) 초청 강사 교육비			3. 당기 순이익금		

 가이사 것은 가이사에게 하나님 것은 하나님에게

손 익 계 산 서 (계정식)

제 xxx기   20XX년 월 일 ~ 월 일   OOOO 교회

지 출	금	액	수 입	금	액
1. 인 건 비			1. 헌 금		
1) 교 역 자 보 수			1) 주 일 헌 금		
2) 직 원 급 여			2) 십 일 조 헌 금		
3) 상 여 금			3) 기 도 헌 금		
4) 제 수 당			4) 월 정 헌 금		
5) 퇴 직 금			5) 구 역 헌 금		
6) 강 사 료			6) 감 사 헌 금		
7) 임 금			7) 부 흥 사경회 헌 금		
8) 퇴직충당금 전입액			8) 부 활 헌 금		
2. 일 반 관 리 비			9) 맥 추 감사헌금		
1) 여 비 와 교 통 비			10) 추 수 감사헌금		
2) 복 리 후 생 비			11) 성 탄 감사헌금		
3) 통 신 비			12) 선 교 헌 금		
4) 수 도 광 열 비			13) 교 육 헌 금		
5) 소 모 품 비			14) 건 축 헌 금		
6) 도 서 인 쇄 비			15) 교 회 학교헌 금		
7) 연 료 비			16) 특 별 헌 금		
8) 지 급 수 수 료			17) 기 타 헌 금		
9) 지 급 임 차 료					
10) 수 선 비			(2) 재 산 운 영 수 입		
11) 운 반 비			1) 임 대 료 수 입		
12) 제 세 공 과 금			2) 사 용 료 수 입		
13) 보 험 료			(3) 사 업 수 입		
14) 차 량 유 지 비			1) 수익사업전입금		
15) 피 복 비			2) 출판물임대수입		
16) 업 무 추 진 비			3) 간행물판매수입		
17) 연 수 비			(4) 기 타 수 입		
18) 접 대 비			1) 수 입 이 자		
19) 홍 보 비			2) 유가증권 이자		
20) 경 조 비			3) 불용품매각수입		
21) 잡 비			4) 묘 소 수 입		
			5) 잡 수 입		

지　　　　출	금　　액		수　　　　입	금　　액	
(3) 선　교　비			(5) 자산 처분 수입		
1) 국 내 선 교 비			1) 유가증권처분수익		
2) 국 외 선 교 비			2) 고정자산처분수입		
3) 국 외 선 교 비					
(4) 전　　도　　비					
1) 국 내 전 도 비					
2) 국 외 전 도 비					
(5) 구　제　비					
1) 빈곤자 구 제비					
2) 질병자 구 제비					
3) 불우이웃구제비					
(6) 교　　육　　비					
1) 교회학교운영비					
2) 수 련 단 련 비					
3) 평신도 교육비					
4) 교역자 교육비					
5) 초청자 교육비					
(7) 행　사　비					
1) 부 흥 회 비					
2) 사 경 회 비					
3) 행사 예 식 비					
(8) 사　업　비					
1) 출 판 비					
2) 간행물 구입 비					
(9) 기 타 지 출					
1) 지 급 이 자					
2) 묘 지 관 리 비					
3) 기관운영보조비					
(10) 영 업 외 비 용					
1) 지 급 이 자					
2) 묘 지 관 리 비					
3) 기관운영보조비					
3) 유지재단부담금					
(11) 당 기 순 이 익					
합　　　　계			합　　　　계		

(별지 제11호)

이익잉여금(기금) 처분계산서

20xx년 월 일부터 20xx년 월 일까지

처분 일자 20xx년   월   일

제 xxx기   OOOO 교회

과　　　　　목	금	액
(1) 당기 말 미처분 이익잉여금		
1) 전 기 이 월 잉 여 금		
(또는 전기이월잉여금)		
2) 당 기 순 이 익금		
(2) 이 익 잉 여 금 처 분 액		
1) 기 금 전 입 금 액		
2) -------------		
3) ------------		
(3) 차 기 이 월 잉 여 금		

(별지 제12호)

결손금 처분계산서

20xx년 월 일부터 20xx년 월   일까지

처분 일자   20xx년   월   일

제 xxx기   OOOO 교회

과　　　　　목	금	액
(1) 당기 말 미 처리 결 손 금		
1) 전 기 이 월 결 손 금		
(또는 전기이월 결손금)		
2) 당 기 순 이 익 금)		
(2) 이 월 결 손 금 처 리 액		
1) 재 평 가 적 립 금 이 익 액		
2) --------------------		
(3) 차 기 이 월 결 손		

합계잔액시산표

20xx년 월 일 ~ 20xx년 월 일 까지

제 XXX기   ○○○○ 교회

차 변		계 정 과 목	대 변	
잔 액	합 계		합 계	잔 액
		(유 동 자 산)		
		현 금		
		예 금		
		유 가 증 권		
		받 을 어 음		
		단 기 대 여 금		
		대 여 금		
		미 수 금		
		저 장 품		
		선 급 금		
		성 미		
		현 품		
		(고 정 자 산)		
		(유형 고정자산)		
		토 지		
		건 물		
		구 축 물		
		차 량 운 반 구		
		비 품		
		성 구		
		임 대 보 증 금		
		건 설 가 계 정		
		(무형 고정자산)		
		전 세 권		
		전 화 가 입 권		
		(유 동 부 채)		
		지 급 어 음		
		당 좌 차 월		
		미 지 급 금		
		예 수 금		
		마 지 급 비 용		
		(고 정 부 채)		
		단 기 차 입 금		

		퇴 직 충 당 금		
		고 정 부 채		
		장 기 차 입 금		
		퇴 직 충 당 금		
		（기 　 금）		
		기 　 금		
		재평가 적립 금		
		당기미처분잉여금		
		（손 　 익）		
		헌 　 금		
		주 일 헌 금		
		십 일 조 헌 금		
		기 도 헌 금		
		월 정 헌 금		
		구 역 헌 금		
		감 사 헌 금		
		부 흥 회 헌 금		
		부 활 헌 금		
		맥추 감사 헌금		
		추수 감사 헌금		
		성탄 감사 헌금		
		선 교 헌 금		
		교 육 헌 금		
		건 축 헌 금		
		교회 학교 헌금		
		특 별 헌 금		
		기 타 헌 금		
		재산 운영수입		
		임 대 료 수 입		
		사 용 료 수 입		
		수입사업전입금		
		출판물임대수입		
		간행물판매수입		
		기 타 수 입		
		수 입 이 자		
		유가증권 이 자		
		불용품매각수입		
		묘 소 수 입		
		잡 수 입		
		인 건 비		
		교 역 자 보 수		
		직 원 급 여		

		상　여　금		
		제　수　당		
		퇴　직　금		
		강　사　료		
		임　　금		
		퇴직충당금전입액		
		(일 반 관 리 비)		
		여 비와 교통비		
		복 리 후 생 비		
		통　신　비		
		수 도 광 열 비		
		소 모 품 비		
		도 서 인 쇄 비		
		연　료　비		
		지 급 수 수 료		
		지 급 임 차 료		
		수　선　비		
		운　반　비		
		제 세 공 과 금		
		보　험　료		
		차 량 유 지 비		
		피　복　비		
		업 무 추 진 비		
		연　수　비		
		접　대　비		
		홍　보　비		
		경　조　비		
		잡　　비		
		합　　계		

수입 예산(안) 작성 양식

(제 XXX기)   OOOO 교회

계 정 과 목			금 년 도 예 산 액	금년도 결 산 액	명 년 도 예 산 액	%	비 고 (산출근거)
관	항	목					
정기헌금	십일조 헌금						
	주 일 헌 금						
	월 정 헌 금						
	헌 금						
감사헌금							
	일 반 감 사						
	부 활 감 사						
	맥 추 감 사						
	추 수 감 사						
	성 탄 감 사						
특별헌금							
	부흥회 헌금						
	순회주일헌금						
	신학지원헌금						
	병원주간헌금						
	군목주관헌금						
	선교주관헌금						
	건 축 헌 금						
기관헌금							
	교 회 학 교	유 년 부					
		중고등부					
		장 년 부					
	여 전 도 회						
		1여전도회					
		2여전도회					
		3여전도회					
		4여전도회					
	남 전 도 회						
	목 장 전 도						
기타수입							
	과년도 수 입						
	임대료 수 입						
	수 입 이 자						
	묘 지 사용료						
	유 산 헌 금						
수 입 합 계							

지출부 예산(안) 작성 양식

계 정 과 목			금 년 도 예 산 액	금년도 결 산 액	명 년 도 예 산 액	%	비 고 (산출근거)
관	항	목					
일반관리비							
	사 례 비						
		목 사					
		부 목 사					
		전 도 사					
	급 여						
		교 회 서 기					
		사 찰					
	수 당						
		교육자녀교육					
		도 서 비					
		연 구 비					
	출 장 비						
		심 방 비					
		여 비					
		수 양 회 비					
	공공요금						
		전 기 료					
		수 도 료					
		전 화 료					
		우 편 요 금					
		방범오물처리					
	연 료 비						
	차 량 비						
		자 동 차 세					
		수 리 비					
		유 류 비					
		수 수 료					
	수 용 비						
		인 쇄 비					
		사 무 용 품 비					
		물 품 구 입 비					
		도 서 인쇄비					
		건 물 수리비					
		비 품 수리비					
	시 설 비						
		건 축 비					
		토 지 구입비					

<table>
<thead>
<tr><th colspan="3">계 정 과 목</th><th rowspan="2">금년도
예산액</th><th rowspan="2">금년도
결산액</th><th rowspan="2">명년도
예산액</th><th rowspan="2">%</th><th rowspan="2">비 고
(산출근거)</th></tr>
<tr><th>관</th><th>항</th><th>목</th></tr>
</thead>
<tbody>
<tr><td>일반관리비</td><td>임 차 료</td><td></td><td></td><td></td><td></td><td></td><td></td></tr>
<tr><td></td><td></td><td>토 지 차 입</td><td></td><td></td><td></td><td></td><td></td></tr>
<tr><td></td><td></td><td>건 물 차 입</td><td></td><td></td><td></td><td></td><td></td></tr>
<tr><td></td><td></td><td>현 금 차 입</td><td></td><td></td><td></td><td></td><td></td></tr>
<tr><td></td><td>업무추진비</td><td></td><td></td><td></td><td></td><td></td><td></td></tr>
<tr><td></td><td></td><td>친 목 회 비</td><td></td><td></td><td></td><td></td><td></td></tr>
<tr><td></td><td></td><td>회 의 비</td><td></td><td></td><td></td><td></td><td></td></tr>
<tr><td></td><td></td><td></td><td></td><td></td><td></td><td></td><td></td></tr>
<tr><td></td><td></td><td>위 문 비</td><td></td><td></td><td></td><td></td><td></td></tr>
<tr><td>예 배 비</td><td></td><td></td><td></td><td></td><td></td><td></td><td></td></tr>
<tr><td></td><td>강 단 비</td><td></td><td></td><td></td><td></td><td></td><td></td></tr>
<tr><td></td><td>의 식 비</td><td></td><td></td><td></td><td></td><td></td><td></td></tr>
<tr><td></td><td>장 치 비</td><td></td><td></td><td></td><td></td><td></td><td></td></tr>
<tr><td>전 도 비</td><td></td><td></td><td></td><td></td><td></td><td></td><td></td></tr>
<tr><td></td><td>부흥 회비</td><td></td><td></td><td></td><td></td><td></td><td></td></tr>
<tr><td></td><td>전도활동비</td><td></td><td></td><td></td><td></td><td></td><td></td></tr>
<tr><td></td><td>문서 전도</td><td></td><td></td><td></td><td></td><td></td><td></td></tr>
<tr><td>교 육 비</td><td></td><td></td><td></td><td></td><td></td><td></td><td></td></tr>
<tr><td></td><td>교회 학교</td><td></td><td></td><td></td><td></td><td></td><td></td></tr>
<tr><td></td><td></td><td>유 초 등 부</td><td></td><td></td><td></td><td></td><td></td></tr>
<tr><td></td><td></td><td>중 고 등 부</td><td></td><td></td><td></td><td></td><td></td></tr>
<tr><td></td><td></td><td>장 년 부</td><td></td><td></td><td></td><td></td><td></td></tr>
<tr><td></td><td></td><td>여름성경학교</td><td></td><td></td><td></td><td></td><td></td></tr>
<tr><td></td><td></td><td>겨울성경학교</td><td></td><td></td><td></td><td></td><td></td></tr>
<tr><td></td><td>기관 교육</td><td></td><td></td><td></td><td></td><td></td><td></td></tr>
<tr><td></td><td></td><td>형 제 전도회</td><td></td><td></td><td></td><td></td><td></td></tr>
<tr><td></td><td></td><td>여 전 도 회</td><td></td><td></td><td></td><td></td><td></td></tr>
<tr><td></td><td></td><td>교 회 음악부</td><td></td><td></td><td></td><td></td><td></td></tr>
<tr><td></td><td></td><td>교 회 훈련부</td><td></td><td></td><td></td><td></td><td></td></tr>
<tr><td></td><td>지도자강습</td><td></td><td></td><td></td><td></td><td></td><td></td></tr>
<tr><td></td><td></td><td>교 육 자</td><td></td><td></td><td></td><td></td><td></td></tr>
<tr><td></td><td></td><td>교 사</td><td></td><td></td><td></td><td></td><td></td></tr>
<tr><td></td><td></td><td>청 년 회</td><td></td><td></td><td></td><td></td><td></td></tr>
<tr><td></td><td></td><td>남 전 도 회</td><td></td><td></td><td></td><td></td><td></td></tr>
<tr><td></td><td></td><td>여 전 도 회</td><td></td><td></td><td></td><td></td><td></td></tr>
<tr><td></td><td></td><td>기 타</td><td></td><td></td><td></td><td></td><td></td></tr>
<tr><td></td><td>체 육 비</td><td></td><td></td><td></td><td></td><td></td><td></td></tr>
<tr><td>음 악 비</td><td></td><td></td><td></td><td></td><td></td><td></td><td></td></tr>
<tr><td></td><td>성가대지휘</td><td></td><td></td><td></td><td></td><td></td><td></td></tr>
<tr><td></td><td>반 주 자</td><td></td><td></td><td></td><td></td><td></td><td></td></tr>
<tr><td></td><td>서 가 대</td><td></td><td></td><td></td><td></td><td></td><td></td></tr>
</tbody>
</table>

계 정 과 목			금 년 도 예 산 액	금 년 도 결 산 액	명 년 도 예 산 액	%	비 고 (산출근거)
관	항	목					
봉 사 비							
	봉 사 비						
	접 대 비						
		목 회 자					
		교 회					
	행 사 비						
	경 조 비						
구 호 비							
	하기 구호비						
	동기 구호비						
	주중 구호비						
대외활동비							
	국 내						
		총 회 비					
		지방 협조비					
		개척 후원비					
		대학 지원비					
		병원 지원비					
		군목 지원비					
		기타 지원비					
	국 외						
		선 교 비					
		기 타					
예 비 비							
지 출 합 계							

  예산(안) 작성 양식은 자기 교회에 맞는 양식을 만들어 사용하는 것이며, 계정과목도 임의로 변경할 수 있다. 교회당회나 장로 기획위원회에 상정하여 계정과목을 늘릴 수도 있고 줄일 수도 있다.

  그러나 회계 원리에 맞는 계정과목을 만들어야 한다.

행정관리

제1장

행정관리

교회 행정관리업무에는 목회자 선교사업, 교인교적관리, 교회행정관리, 교회 재산관리, 교회 비품관리 및 교회자재(소모품, 사무용품)관리 등이 있으며, 교회의 재산은 하나님의 소유재산으로 소중하게 관리 유지하여야 하고, 교회 재산은 하나님의 재산이므로 내 재산보다 더 소중하게 보존하고 유지해야 한다.

교회 행정관리란 교회에서 하나님이 기뻐하시는 교회의 제반 분야에 있어서 담임목사님으로부터 임명받은 행정관리 업무로, 이를 맡은 행정 직원들은 업무를 수행할 때 소중하게 여기고 맡은바 업무를 충실하게 이행해야 하며, 청지기적 소명의식을 가지고 충성된 종으로서 교회 행정 업무를 완벽하게 수행하여야 한다.

교회행정은 예배를 통한 영적 지도자인 담임목사를 돕는 교회 행정이 되어야 하고, 행정업무 목적을 달성하기 위하여 담임목사는 교회 임원들과 합심하여 은혜롭게 교회 행정업무를 이끌어 가야 할 책임이 있다.

특히 교적관리는 교회의 교인에 관한 정보로 헌금내역 등 중요한 사항이 들어 있으므로 기밀을 유지하여야 하고 정보유출이 되어서는 안 된다.

1. 목회자 선교관리 사업

1) 목회자 선교와 목양 업무의 중요성

2) 교회부흥을 위한 부흥회 계획과 시행

3) 하늘나라 영역 확장을 위한 전도사업

4) 구제 및 공익사업(독거노인, 노숙자 지원, 미자립교회) 지원

5) 인사관리(부목사, 전도사, 사무직원 등)와 보수 또는 급여 관리

2. 교회 부서관리 업무

1) 교인교적관리

2) 공문 등 문서 수발부 관리

3) 교구관리(남녀 연령 별)

4) 목장(구역회) 관리

5) 식당관리(주일날 성도 식사 준비와 식탁대화)

6) 교회방송 및 소방시설, 정화시설, 기타시설관리

7) 교회 기계장치와 집기비품, 공구관리

3. 교회 부동산 재산관리

1) 교회토지와 건물과 부동산관리

2) 교회 시설물과 기계장치관리

3) 교회 내 모든 재산관리

4. 교회비품 및 자재관리

1) 교회비품 관리는 재물조사에 의하여 내용연수를 정하여 관리하고 가능하면 수선하여 사용해야 한다.

2) 자재 및 원재료관리는 수불부를 작성하여 잔여 재고를 관리하여야 한다.

3) 자재 및 원재료는 먼저 구입하여 들어온 것부터 사용하는 것을 선입선출법이라 한다.

4) 자재 및 원재료는 나중에 구입한 것부터 먼저 사용하는 것을 후입선출법이라 한다.

5) 자재 및 원재료는 선입선출법으로 사용하든지 후입선출법으로 사용하든지 교회에서 선택하여 사용하면 된다.

교회 정관(안) 편

제1절 정관 법규제정

교회 행정관리를 하나님이 기뻐하시는 방향으로 행정목표를 설정하고, 담임목사님의 목회방침 행정을 효율적으로 지원 달성하는 데 필요한 사항을 기획, 조직, 운영하고 지도, 조정, 통제하는 행위로서, 인적 자원과 물적 자원을 최소한으로 투입한 가운데 최대의 효과를 달성하도록 경제성의 원칙을 적용하고 관리하는 것을 교회행정관리라 말할 수 있다.

국가에는 헌법이 있고, 국회를 통과한 법률이 있고, 대통령령으로 정하는 시행령이 있고, 각 부서 장관이 정하는 시행규칙이 있다. 이처럼 교회에서도 교회행정관리를 올바르게 이끌어 가기 위하여 교회 내에서 앞으로 발생될 제반 문제점을 은혜롭게 해결하기 위하여, 감리교단은 장정(타 교파 교단헌법 등)이 있고, 교회 내에서는 정관과 정관 시행규칙 제정이 꼭 필요하다.

교회 내에서 일어나는 제반 행정문제를 지혜롭게 운영하고, 교회의 선교목적 달성을 위하며 하나님이 기뻐하시는 행정이 되도록 교회 성장 발전을 위하고, 교회에 행정문제가 발생했을 때 원만하게 해결하기 위하여 정관 법규를 제정할 필요성이 있다.

교회 내에서 제반 교회행정 문제로 인한 법적 분쟁이 발생하였을 때 이를 해결하기 위하여 교회 행정관련 법규제정이 반드시 필요하다.

제2절 교회의 정관

정관이란 회사(주식회사, 합자회사, 합명회사, 유한회사) 또는 공익법인과 각종 협동조합, 그리고 종교단체 등에서 그 기관의 목적과 조직에 대한 업무 집행에 관하여 자주적이고 근본적인 회사 또는 공익법인과 각종 협동조합, 그리고 종교단체 등에서 그 기관에 대한 근본적인 정관과 규칙 또는 규정 등을 기재한 문서로서 중요한 법정 문서이다.

교회 내에서 재정뿐만 아니라 모든 행정에 관련된 법규와 교회 운영에서 제반 사항을 준수하여야 하고 지켜야 할 법규를 제정하여야 한다.

내가 다니는 교회에서도 교회 정관을 교회 창설 후 30년이 지나서 만들고 시행 규칙도 정관 작성 후 1년이 지나서 만들어졌다.

교회 내에서 문제점이 발생하였을 때, 정관과 시행규칙이 없다 보니 문제점을 처리할 수 없어 담임목사님과 장로 임원들의 중지를 모아 처리하였다. 그러다 보니 유지제단 교리와 장정에 맞지 않는 일을 은혜롭게 처리하지 못하고 사람의 생각으로 처리한 것 같아 하나님 앞에 죄송스러움을 느끼게 되었다.

교회 내에 정관은 전 교인들의 중지를 모아 만들고, 교회 전체 교인이 모인 총회에서 통과시키고, 시행규칙은 교회 내 OO위원회 총회나 임시총회에서 통과시켜서 시행규칙을 확정한 후에, 정관과 시행규칙에 따라 모든 문제에 대한 사건을 처리하게 되니 하나님 앞에 은혜롭게 처리하게 되었다고 생각한다.

대부분의 교회가 교회 내 정관과 시행규칙이 없는 경우가 많으리라 생각되는

데, 교회가 크든 작든 자기 교회에 맞는 정관과 시행규칙을 만들어 놓아야 한다.

교회정관과 시행규칙은 교회재정과 행정을 수행함에 있어 지침서와 잣대와 같은 것이고, 교회 내에서 발생하는 모든 문제를 하나님과 교인 모두에게 은혜롭게 해결할 수 있어 반드시 필요한 법규라 말할 수 있다.

정관과 시행규칙이 없는 교회에서는 발생한 사건을 치유할 때 몇몇 사람들이 모여서 처리하고 있어 하나님께서 기뻐하시는 치유가 되지 못하고, 불공평한 처리로 인해 억울하게 당하는 일이 발생할 수 있다.

그래서 각 기관에서는 정관을 총회에서 결의된 법적으로 중요한 문서로 만들어 놓고, 각 기관이 행정과 재정에 관하여 운영하는 데 중요한 문서로 문제점을 처리하고 있다.

교회행정도 마찬가지로 교회 내에서 막힌 담을 헐고 무너진 도로는 보수하고 아스팔트를 깔아 모든 교인들이 편안하게 다닐 수 있도록 만들어 놓는 일이라 말할 수 있고, 교회행정으로 인하여 교인 모두가 마음이 편안하고 화평을 이루고 행복하고 즐겁게 살아가는 것이 진정한 교회행정이라고 말할 수 있다.

교회행정은 모든 교인에게 평안을 줄 수 있는 교회 행정관리가 되어야 하고, 교회의 성장 발전에 큰 디딤돌이 되어야 한다.

제3절 교회 정관 조문 제정

제0장 기독교(예수교) OOOO교회 정관 (안)

하나님께서 은혜 복음과 기독교적 역사와 전통 계승을 위한 사명을 가지고 세워진 우리 ○○교회는, 기독교(예수교) 신앙의 중심이 성경에 계시되었고 조명되어 개인적으로 살아 움직이게 되며, 이성에 의해 확인된 웨슬리(마르틴 루터)의 유산을 계승하여 복음이 ○○○지역에 뿌리내려 열매를 맺게 하며, 기독교(예수교)

○○○○교리와 장정에 근거하여 하나님의 나라 확장과 건설을 위한 복음 전도의 사명을 갖고 사랑과 섬김 봉사로서 교회의 지체 된 장로, 권사, 집사, 그리고 교인들의 협력을 공고히 하고, 모든 악행의 폐습과 불법을 타파하며, 교리와 장정에서 규정한 교리적 선언과 신앙, 행정과 정치원리에 입각하여 견제와 균형, 자율과 조화를 바탕으로 교회 운영의 규칙을 예수 그리스도의 정하신대로 교회의 기본질서를 더욱 공고히 하며 하나님을 영화롭게 하고, 성도로서 진리와 사명을 준수하고 감당하며, 교인의 권리와 책임과 의무를 다하여 주님의 지상 명령을 준수할 것을 다짐하면서 ○○○○년 ○○월○○일 ○○회에서 제정한 정관을 ○○○○년 ○○월 ○○일 심의를 거쳐 ○○회에 의하여 제정한다.

〈참고사항〉

○○란은 교회 교파별로 명칭이 다르기 때문에 자기 교파별로 맞는 명칭을 삽입하고, 교회 위치도 각각 다르므로 ○○란에 자기 교회의 주소를 삽입하고, 지정되어 있는 연 월 일 일자도 교회마다 다르기 때문에 자기 교회에서 정해져 있는 일자를 삽입하기 바란다.

(1. 장로교회: 공동의회, 2. 감리교회: 당회, 3. 성결교회: 사무총회 등의 명칭으로 최고 의사 결정 기구로 칭하고 있다.)

교회 정관 제정 시 교인 출석 $\frac{2}{3}$ 이상 출석하여 $\frac{2}{3}$ 이상(위임장 포함) 찬성으로 통과하여야 하고, 정관 매장마다 간인을 찍고 교회 의장, 서기가 날인하고 제정한 정관은 교회 내에 보관하여야 한다.

정관총칙

제0조 (명칭)

본 ○○○○교회는 "기독교(또는 예수교) ○○○○회"에 속한다(이하 본 교회라 칭한다).

제0조 (소속과 교리와 장정) 소속과 교리와 장정은

1. 본 교회는 "기독교(예수교) ○○○○회"에 소속한다.

2. 본 교회의 독립성을 훼손하지 않는 범위에서 "기독교(예수교) ○○○○회 교리와 장정에 준하는 자치규칙으로 한다.

제0조 (목적)

1. 본 교회에 소속되어 있는 기독교(예수교) ○○○○회의 신학적 입장과 교리와 장정에 따라, ○○지역의 복음화를 위하여 초대교회의 신앙 전통을 이어받아 순교자적인 교회로서 복음 진리를 사수하고, 민족의 미래에 대한 비전을 제시하며 예배, 교육, 성도의 교제, 기도, 봉사, 그리고 성경적 복음주의 정신으로 세계교회의 일원이 될 뿐만 아니라, 기독교(예수교) ○○○○의 교단 발전에 중추적인 역할과 이 세상에서 하나님의 나라를 실현하기 위한 교회의 문화적, 사회적 책임

을 감당하는 것을 목적으로 한다.

　2. 본 정관은 교인의 권리 의무와 교회재산을 소유·관리하고 교회 내의 조직과 기구의 직무상 한계를 정하여 원활한 교회를 운영하기 위한 목적으로 한다.

제0조 (위치)

　본 교회는 ○○○○○시 ○○구 ○○○○로 ○○번길 ○○○(○○○동)에 둔다.

제0조 (조직)

　본 교회의 최고의결기관인 ○○위원회와 집행기관으로서 ○○위원회를 두고 실행을 위해 필요한 기구 ○○위원회를 최고의결기관인 ○○위원회 결의를 거쳐 둘 수 있다.

제3장

교인의 권리와 의무

제0조 (교인의 의미)

교인이란 예수 그리스도를 자기의 주님과 구주로 영접하고 교회의 구성원이
되어 교회 최고의결기관인 당회(총회 등)에 회원으로 참석하는 입교인을 말한다.

제0조 (교인의 구분)

교인의 구분은 아래와 같다.

1. 원입인: 죄악에서 구원을 얻고자 회개한 후 예수를 믿기로 결심하고 교회에
출석하는 이로 한다.

2. 세례아동: 유아세례를 받은 10세까지의 아동으로 한다. 유아세례는 5세까지
받을 수 있고, 아동세례는 6세부터 10세까지 본인의 의사에 따라 문답을 필한 후
받을 수 있다. 단, 유아세례와 아동세례는 부모나 후견인의 동의와 입회하에 거
행한다.

3. 세례인: 세례아동으로 12세 이상 된 이와 원입교인이 1년 이상 교회에 충실
하게 출석하고, 성경과 교리를 공부하며, 교회의 규칙을 지키고 진실한 믿음과
경건한 생활을 힘쓰고 예수 그리스도를 구주로 고백하고 세례를 받은 이로 한다.

4. 입교인: 18세 이상 된 세례교인을 담임목사가 예문대로 입교시킨 이로 한

다. 다만 18세 이상 된 원입인에게는 세례와 입교식을 동시에 행할 수 있다. 다른 교회에서 세례를 받고 이명 증서를 가지고 온 이도 이와 같으며, 입교인은 당회의 회원이 된다.

제0조 (교인의 권리와 의무의 취득과 상실)

1. 교인의 권리 의무의 취득과 상실은 교인의 권리와 의무는 교인의 지위를 취득·상실함으로써 취득·상실된다.

2. 교인은 당회 의결권에 참여할 수 있으며, 교인이라 함은 입교인을 의미한다.

3. 본인이 본 교회에 등록신청을 하면 예배 시간에 소개한 후 담임목사의 천거로 일정한 교육을 이수한 후 당회의 결의를 거쳐 교회 회원 명부에 등록하고 교인의 지위가 부여된다.

4. 본 교회의 정관과 당회에서 교인 지위가 제명된 자는 상급기관의 판결과 관계없이 교인의 지위가 상실되며 교회에 출입하여서는 아니된다.

5. 당회의 제명과 징계규정을 시행규칙을 제정하여 시행한다.

제0조 (교인의 사용 수익권)

본 교회의 교인은 정관 기타 규약에 따라 총유물을 사용, 수익하되 담임목사가 주관하는 예배시간과 예배장소를 벗어난 별도의 예배 및 집회를 불법행위로 간주한다.

제0조 (교인의 권리)

본 교회 교인의 권리는 아래와 같다

1. 교인은 당회에 참석하여 의결권에 참여할 수 있다.

2. 세례를 받은 교인은 성찬식에 참여할 권리가 있다.

3. 입교인은 본 정관과 교리와 장정에 정하는 바에 따라 선거권과 피선거권을 갖는다.

4. 교회법이 정하는 바에 의하지 아니하고는 어떠한 신분상의 불이익을 받지 아니한다.

제0조 (교인의 의무)

본 교회의 교인의 의무는 아래와 같다.

1. 교인은 예배, 기도회, 속회(목장, 구역회), 교회학교, 사경회, 부흥회, 그 밖의 모든 은혜 받는 집회에 참석할 의무가 있다.

2. 모든 교인은 본 정관과 교리와 장정이 정하는 바에 의하여 헌금과 교회 사업에 대한 의무금, 기타 헌금의 의무를 가진다.

3. 교회의 임원이나 직무를 맡았을 때에는 충실하게 이를 수행할 의무가 있다.

4. 교회와 지역사회에서 섬기는 일에 솔선수범해야 하는 의무가 있다.

제0조 (교인의 권리 제한)

1. 의무를 이행하지 아니할 경우 당회 회의 결의로 권리를 제한할 수 있다.

2. 당회로부터 징계를 받은 자는 당회의 결의로 회원권을 보류할 수 있다.

3. 모든 교인은 성경과 본 교회의 정관을 준행하며, 치리에 복종하며, 이를 위반할 경우 교인의 의무를 이행하지 않는 것으로 간주한다.

4. 본 정관과 교리와 장정에 따라 소송 중에 있는 원, 피고는 유죄 판결이 확정될 때까지 당회 결의로 교인의 권리를 제한할 수 있다.

5. 교회 관련 사건으로 소송의 피고가 무죄 판결로 확정될 경우 소송의 원고는 일정기간 교인의 권리를 당회의 결의로 제한할 수 있다.

제4장

인사(교역자, 직분자, 직원)

제0조 (교역자, 직분자, 직원의 구분)

1. 교역자는 담임목사와 부목사, 전도사(심방, 교육)를 둔다.

2. 직분자(임원)는 장로 권사 집사를 둔다.

3. 직원은 교회행정과 관리 및 부서유지를 위하여 일반직원 및 간사를 둔다.

제0조 (교역자, 직분자, 직원의 임기)

1. 담임목사의 임기: 항존직으로 한다.

2. 부목사, 전도사의 임기: 1년으로 하고 담임목사의 요청에 의하여 ○○위원회의 결의로서 계속 시무할 수 있다.

3. 장로의 임기: 항존직으로 한다.

4. 권사의 임기: 1년으로 하며, 직무를 성실히 수행한 권사에 대해서는 ○○회에서 일괄하여 연임을 의결할 수 있다.

5. 집사의 임기: 1년으로 하며, 직무를 성실히 수행한 집사에 대해서는 ○○회에서 일괄하여 연임을 의결할 수 있다.

6. 일반직원 및 간사: 일반직원의 임기는 별도의 시행규칙을 제정한다. 간사는 1년으로 하되, 담임목사의 임명에 의하여 연임할 수 있다.

제0조 (교역자, 직분자, 직원의 직무)

1. 담임목사: 영적지도자이며, 행정책임자, 교회회의 주재자이며 예배와 행사를 주관한다.

2. 부목사: 담임목사를 보좌하고 교회 행정을 협동하되 새 가족(새신자) 심방, 특수심방 및 교육에 관한 사업을 장려한다.

3. 심방전도사: 목사의 지시에 따라 종사하되 주로 계획 심방을 하며, 담당 교구 성도들의 신앙생활 지도 및 성도의 보호를 그 주무로 한다.

4. 교육전도사: 목사의 지시에 따라 교육 분야를 담당하고, 교회 행정에 협조하며, 학생지도 및 심방을 담당한다(일반심방은 담임목사의 지시에 따른다).

5. 일반직원: 사무직원, 관리직원으로 담임목사의 지시에 따라 교회의 행정업무와 교회의 비품 관리 시설을 운영, 관리를 주무로 한다. 구체적인 직무는 별도의 시행규칙으로 정한다.

6. 간사: 담당교역자의 지시에 따라 각 부서의 업무처리를 감당한다. 구체적인 직무는 별도의 시행규칙으로 정한다.

제0조 (교역자, 직분자, 직원의 은퇴)

1. 목사: 3월 말 기준으로 만 70세가 된 목사는 당해연도 연회(노회)에서 은퇴한다(교파 별로 다를 수 있다). 만 65세 이상이 되면 자원 은퇴할 수 있다. 은퇴한 목사는 원로목사로 호칭하며, 원로목사에 대한 예우는 별도의 시행규칙으로 정한다.

2. 전도사: 심방전도사는 만 60세에 은퇴하며, 은퇴 후 예우는 시행규칙으로 정한다(교회마다 다를 수 있다).

3. 장로: 2월 말 기준 만 70세가 된 후 처음 개최되는 지방회에서 은퇴한다. 다만 만 65세 이상이 된 장로는 자원 은퇴할 수 있다. 은퇴한 장로는 원로 장로로 호칭한다(교파별로 다를 수 있다).

4. 권사: ○○회를 기준으로 만 70세가 된 자는 당해연도 ○○회에서 은퇴한다

(교파 별로 다를 수 있다).

5. 집사: ○○회를 기준으로 만 70세가 된 자는 당해연도 ○○회에서 은퇴한다
(교파 별로 다를 수 있다).

6. 직원: 직원의 은퇴에 대한 내용은 시행규칙으로 정한다.

제0조 (직분자의 이명자 규정)

1. 장로: 감리회가 인정하는 다른 교파에서 이명 증서를 소지하고 이명해온 장로는 감리회의 입교인이 된 후 6개월 이상 감리회의 「교리와 장정」을 공부하고, 지방회에서 시행하는 이명장로 고시과정에 합격하고 장로증서를 받은 후 장정에 준하여 파송하며, 다른 지방에서 이명하여 오는 장로는 지방 인사위원회의 동의를 받아 감리사가 파송한다. 단, 이명 후 2년간 ○○위원이 될 수 없다(교파 별로 다를 수 있다).

2. 권사: 타 교파에서 이명해 온 안수집사, 권사는 권사의 반열에 두고 담임목사가 증서를 준다. 다만, 안수집사, 권사 증서를 제출하여야 한다.

다른 교회에서 이명하여 오는 경우에 이전 교회 담임자가 교부한 이명 증서가 담임자에게 송부되고 접수되어야 한다(교파별로 다를 수 있다).

3. 집사: 위 장로, 권사에 쥬하는 직분자가 아닌 직분의 경우는, 이명해온 후 1년이 경과한 후 해당 교구장의 추천으로 ○○회에서 선출한다.

4. 모든 직분자(장로, 권사, 집사)는 본 교회 기본교육과정(새 가족 교육, 전임원 교육)과 교회가 제시하는 기타 교육과정을 필하고 서약한 자에 한하여 ○○회에서 인준한다(교회마다 다를 수 있다).

제0조 (시행규칙)

1. 교역자 및 직원에 대한 인사규정(청빙, 선거, 채용, 상벌, 취임 및 퇴직급여, 상여금, 퇴직금, 기타 등)은 ○○회 결의로 시행규칙을 제정하여 시행한다.

2. 선교사 파송에 관한 문제는 별도의 시행규칙에서 제정한다.

3. 직분자에 관한 기타 규정(선출, 이명, 제명 등)은 시행규칙을 제정하여 시행한다.

제1절 OO회

제0조 (조직)

1. 본 교회의 최고의결기관인 ○○회를 둔다.

2. 회원은 본 교회에 교인으로 등록된 입교인으로 한다.

3. 회장은 담임목사가 되며, 서기는 회장의 천거로 ○○회에서 1인을 선출한다.

제0조 (소집)

1. ○○회는 담임목사가 소집하되, 2주일 전에 그 회의의 목적과 시간, 장소를 주보 혹은 예배 시 구두 광고, 기타 방법으로 공고하여야 한다.

2. 정기 ○○회는 12월 중에 소집한다.

3. 임시 ○○회는 다음과 같이 청원이 있을 때 소집한다.

① 담임목사가 필요로 할 때

② ○○회 회원 3분의 1 이상의 소집 요구가 있을 때

4. ○○회 회원이 임시 ○○회 소집요구를 청원할 경우 담임목사가 소집을 보류할지라도 청원자들은 이에 순종하며 이의를 제기하지 않는다.

제0조 (의사 및 의결정족수)

1. 본 정관에 특별하게 규정하는 것을 제외한 ○○회 일반결의는 출석한 회원으로 개회하여 투표자수 과반수로 의결한다.

2. 소속교단 탈퇴 및 변경, 행정보류, 교회합병, 분립, 정관제정 및 개정, 법인

설립은 ○○회 회원 과반수 출석과 투표자 수 과반수의 찬성으로 가결한다.

3. 서명 위임한 교인은 출석한 것으로 하되 결의권은 담임목사에게 위임한다.

제0조 (결의 사항)

1. 본 교회의 1년 사업을 보고한다.

2. 임원을 선출한다.

3. 교회의 모든 안건을 처리한다.

4. 정관제정 및 개정

5. 소속교단 탈퇴 및 변경, 행정보류, 교회합병, 분립

6. 법인설립

7. 기타 ○○회와 관련된 안건

제0조 (재정장부 열람)

1. 정기 ○○회에서 당해연도 결산안이 승인된 이후에는 개인이 재정(회계) 장부를 열람할 수 없다.

2. 결산을 앞둔 당해연도 재정(회계)장부는 열람할 수 없다.

3. 위의 1, 2항의 열람을 필요로 할 경우 ○○회의 재적 과반수 출석과 출석 회원 3분의 2 이상의 찬성으로 재정장부를 열람할 수 있다.

4. 개인헌금 내역은 담임목사의 허락으로 본인만이 확인할 수 있다.

제0조 (특별규정)

1. 담임목사의 징계는 ○○회 안건으로 상정할 수 없다.

2. 특별한 경우 연말 ○○회를 소집하지 못했을 경우 새해 예산은 전년도 예산을 기준으로 하되 차기 ○○회 때 결산승인을 채택할 수 있다.

제0조 (회의록)

1. 회의 결과에 대해 회의록을 채택하여야 하며, 그 채택은 담임목사와 서기에게 위임할 수 있다.
2. ○○회 회의록 열람청원은 ○○회 결의로 열람여부를 의결한다.
3. ○○회 서기는 채택된 회의 결의를 회의록에 기록하고, 담임목사의 확인 서명을 받아 담임목사실에 보관한다.
4. 정관 제정, 개정의 경우 담임목사와 서기가 간서인이 된다.

제0조 (시행규칙)

○○회의 상세한 운영 지침은 별도의 시행규칙을 제정한다.

제2절 00임원회

제0조 (조직)

1. ○○회의 실행부가 되는 임원회를 둔다.
2. 회장인 담임목사와 임원회원인 교역자, 장로, 권사, 집사로 조직한다.
3. 회장은 담임목사가 되며, 서기는 담임목사가 1인을 선정한다.

제0조 (임무)

1. 월간사업 예산 집행 결과를 검토하고 의결한다.
2. 미결사항을 검토하여 의결하고 집행한다.
3. ○○회로부터 위임된 사항을 집행한다.
4. 임원회 시 각 부서는 사업보고를 한다.
5. ○○회가 닫힌 후 발생한 중요사항 심의
6. 그 밖의 개체교회에서 긴급히 처리해야 할 중요사항 심의

제0조 (소집)

1. 담임목사가 필요에 따라 소집한다.

2. 개인적으로 혹은 예배 시 광고로 공고한다.

제0조 (의사 및 의결정족수)

1. 본 교회 담임목사와 출석한 임원회원으로 개회한다.

2. 임원회의 결의는 임원회원 투표수 과반수 찬성에 회장(담임목사)의 결의 공포가 있어야 한다.

3. 임원회원의 투표수 과반수 찬성과 회장(담임목사)의 결의공포가 없는 경우는 결의되지 않는다.

제0조 (회의록)

1. 회의 결과에 대해 회의록을 채택하여야 하며, 그 채택은 담임목사와 서기에게 위임할 수 있다.

2. 임원회 회의록 열람청원은 임원회 결의로 열람여부를 의결한다.

3. 임원회 서기는 채택된 회의결의를 회의록에 기록하고 담임목사의 확인 서명을 받아 담임목사실에 보관한다.

제3절 00위원회

제0조 (조직)

1. 개체교회를 원활하게 운영하기 위하여 ○○위원회를 둔다.

2. 목사와 장로(시무장로)로 조직한다.

3. 회장은 담임목사가 되며, 회장이 ○○위원 회원 중에 1인을 서기로 임명한다.

제0조 (임무)

1. 교회의 기본계획을 수립하고 예산을 편성, 계획한다.

2. 신규 사업을 개발, 검토한다.

3. 사업 분석 및 평가업무를 연구, 검토한다.

4. 신천장로 천거 및 권사, 집사, 기타 임원의 ○○회 천거

5. 교회재산의 취득 및 처분, 증여, 매매, 교환, 변경, 차입, 담보 제공에 대해 심의, 의결

6. 상근직원의 임면에 관한 협의

제0조 (소집)

1. 담임목사가 필요에 따라 소집한다.

2. 개인적으로 혹은 예배 시 광고로 공고한다.

제0조 (의사 및 의결정족수)

1. 본 교회 담임목사와 ○○위원회의 과반수 출석으로 개회한다.

2. ○○위원회의 결의는 ○○위원 회원 투표수 과반수 찬성에 회장(담임목사)의 결의공포가 있어야 한다.

3. ○○위원회원의 투표수 과반수 찬성과 회장(담임목사)의 결의공포가 없는 경우는 결의되지 않는다.

제0조 (회의록)

1. 회의 결과에 대해 회의록을 채택하여야 하며, 그 채택은 담임목사와 서기에게 위임할 수 있다.

2. ○○위원회 회의록 열람청원은 기획위원회 결의로 열람여부를 의결한다.

3. ○○위원회 서기는 채택된 회의결의를 회의록에 기록하고, 담임목사의 확인 서명을 받아 담임목사실에 보관한다.

제4절 구역회

제0조 (조직)

1. 목사, 전도사, 장로, 권사, 목자(구역장)로 조직한다.

2. 회장은 감리교는 감리사(교단별 명칭)가 되며, ○○사의 위임이 있을 경우 담임목사가 의장이 될 수 있다.

3. 서기는 ○○회 서기가 겸임한다.

제0조 (임무)

1. 구역회는 그 구역 안의 신령상 정황을 조사한다.

2. 구역회는 ○○회에서 신청 받은 권사의 품행을 심사하고, 과정 고시한 후 증서를 준다.

3. 구역회는 지방회(노회 등 교단명칭)에 출석할 각 대표를 선출한다.

4. 구역회는 명년도 예산안을 심의하여 통과시킨다.

5.「교리와 장정」에 규정하고 있는 구역회의 재산권 행사와 법률행위는 ○○위원회에 위임한다.

제0조 (소집)

1. 정기 구역회는 매년 12월 또는 1월 중에 ○○사가 소집한다.

2. 구역회원 3분의 1 이상의 요청이 있을 때 ○○사가 소집한다.

3. 구역회 개최 일시와 장소는 ○○사가 담임목사와 협의하여 정하되, 2주일 전까지 교회 주보에 광고로 공고한다.

제0조 (의사 및 의결정족수)

1. 출석 구역회원으로 개회한다.

2. 의결정족수는 출석회원 과반수로 한다.

제0조 (회의록)

1. 회의 결과에 대해 회의록을 채택하여야 하며, 그 채택은 담임목사와 서기에게 위임할 수 있다.

2. ○○위원회 회의록 열람청원은 구역회 결의로 열람여부를 의결한다.

3. 구역회 서기는 채택된 회의결의를 회의록에 기록하고 담임목사의 확인서명을 받아 담임목사실에 보관한다.

제0조 (○○ 인사위원회)

1. 구역 인사위원회는 시행규칙으로 정한다.

그 외에는 교리와 장정을 따른다.

제5장

조직 및 직능

제0조 (교역자회)

1. 본 교회에서 시무하는 목사, 전도사, 간사로 구성한다.

2. 임무: 담임목사를 협력, 보좌하고 하나님의 청지기적 사명 아래 맡은 분야 안에서 교회의 부흥, 발전을 위해 충성한다.

제0조 (직원회)

1. 구성: 본 교회에서 임명한 상주 사무국 직원으로 한다.

2. 본 교회의 사무 일체를 담당하되 담임목사의 지시에 따르며, 하나님의 청지기적 사명 아래 맡은 분야 안에서 교회의 부흥, 발전을 위해 충성한다.

제0조 (기관 및 부서)

1. 구성: ○○회에서 허락된 기관과 부서

2. 임무: 교회 부흥과 발전(복음증거와 선교)을 위해 연구하며 충성한다.

① 기관: 교회학교, 찬양대, 남선교회 및 청장년회, 여선교회

② 부서: 예배부, 재무부, 사회봉사부, 관리부, 선교부, 교육부, 전도부, 양육부, 문화부, 홍보부, 체육부, 중보기도부, 새가족부, 교통부, 방송부, 환경미화부.

제0조 (연구기관)

1. 구성: 담임목사의 목회업무 보좌를 위하여 다음과 같은 기구를 둔다.

① 성전건축위원회 ② 선교위원회 ③ 교육위원회 ④ 장학위원회

⑤ 구제위원회 ⑥ 재무위원회 ⑦ 성장발전위원회

2. 위원은 관계 분야에 전문 식견이 있는 임원으로 ○○회에서 임명한다.

3. 안건처리: 각 위원회에서 작성된 연구안은 ○○위원회에 심의 결의하여 시행한다.

제0조 (교회학교와 기관)

1. 교회학교: 영아·유치부, 아동부, 청소년부, 청년부로 구성한다.

① 영아·유치부: 취학 전 아이들로 조직한다.

② 아동부: 초등학교에 재학 중인 자로 한다.

③ 청소년부: 중·고등학교에 재학 중인 자와 동 수준의 학원에서 수업 중인 자로 한다.

④ 청년부: 미혼 남녀로 구성한다.

2. 기관

① 남선교회: 기혼 남성으로 구성한다.

② 청·장년회: 만 45세 이하 기혼 남성으로 구성한다.

③ 여선교회: 기혼 여성으로 구성한다.

3. 각 기관은 당해 기관의 규칙에 의하여 운영하되 담임목사의 인준을 받아야 한다.

4. 각 기관의 임원선거 및 조직은 12월 중으로 하며, 단 교회학교는 12월 중으로 한다.

제0조 (시행규칙)

기타 조직 및 직능은 시행규칙을 제정하여 시행한다.

제6장

재산 및 재정

제0조 (재산정의)

교인들의 헌금, 연보, 기타 교회의 수입으로 이루어진 재산을 의미한다.

제0조 (재산의 소유 등기)

본 교회의 재산은 '기독교 ○○○○회 ○○교회'의 소유로 등기하여야 한다. 단, 특별한 경우는 예외로 한다.

제0조 (관리 보존)

1. 본 교회의 재산의 관리 보존행위는 ○○위원회에 위임한다.

2. 재산의 보존행위를 위한 소송은 ○○위원회에 위임하며, ○○위원회의 결의를 ○○회의 결의로 간주한다.

제0조 (재산의 처분과 취득)

1. 교회 재산의 취득 및 처분은 ○○위원회의 결의에 의한다.

2. ○○위원회의 결의로 ○○회에 승인을 요청하여 처리할 수 있다.

3. ○○위원회의 취득 처분 후 ○○회에 보고하여야 한다.

제0조 (법률행위)

본회의 재산의 취득과 처분에 따른 법률행위 및 사실행위는 교회 대표자인 담임목사에게 위임하여 대행케 한다.

제0조 (회계연도)

본 교회의 회계연도는 당해연도 1월 1일부터 12월 31일까지를 1회계 연도로 한다.

제0조 (재정운영)

1. 교회의 재정은 ○○회에서 선교, 교육, 구제 및 교회 운영에 있어 균형있게 배분하여 인준한 예산에 따라 집행하는 것을 원칙으로 하며, 내부 집행(신청 및 사용, 보고) 단계에서부터 투명성이 보장되어야 한다.
2. 상세한 규정은 별도의 시행규칙으로 제정하여 시행한다.

제0조 (재정 감사)

1. 재정 투명성 및 적정성을 제고하기 위하여 감사위원회를 둔다.
2. 감사는 담임목사가 임명한다.
3. 상세한 재정 감사 지침은 별도의 시행규칙을 제정하여 시행한다.

제0조 (시행규칙)

교회 재정집행에 대한 세부지침은 시행규칙을 제정하여 시행한다.

【부칙】

제0조 (장부보존기간)

교회 이외의 제3자에 대해 법률행위를 할 경우 재정장부 및 기타 공문서는 보존기간을 상법 보존기관과 같이 10년으로 한다.

제0조 (정관개정)

본 정관을 개정하려고 할 때에는 ○○위원회의 심의를 거쳐 당회원 과반수 출석과 투표자수 과반수의 찬성으로 가결한다.

제0조 (시행규칙 제정 및 변경)

1. 본 정관에 명시되지 않았거나, 명시된 시행규칙 규정 등은 ○○위원회에서 제정 개정하며, 제정 개정은 ○○위원회의 의사 의결정족수에 의한다.
2. 새로운 시행규칙 규정이 제정되기 전에는 기존 시행되어 온 시행규칙 규정에 준한다.

제0조 (시행일)

본 정관은 ○○회에서 통과된 날로부터 시행한다.

제0조 (주소지 변경)

본 교회 주소지 변경은 정관변경 없이 교회주소가 변경될 경우 ○○위원회의 결의로 변경된 주소로 한다.

제0조 (경과조치)

본 정관 시행 이전에 기독교 ○○○○회 ○○교회에서 시행해온 제반 관련 행정사법처리는 본 정관에 의하여 시행한 것으로 간주한다.

제정일 ○○○○년 ○○월 ○○일

기독교(예수교) ○○○○ ○○교회

○○회 의장 목사 ○○○ (인) / ○○회 서기 장로 ○○○ (인)

제7장

OOOO교회 정관 시행규칙 편(안)

정관 시행규칙이란, 정관에서는 세부적인 내용과 각 기관에서 법률적인 행위를 할 때 세밀하게 규정을 할 수 없어, 시행규칙을 만들어 놓고 각 기관이 제정한 시행규칙을 임원회에서 통과시켜 시행하고 있다.

작은 교회는 정관과 시행규칙이 없는 교회가 많을 것이다. 그러나 작은 교회도 교인이 늘어나게 되면 교회 내에서 발생하는 문제점 처리에 없어서는 안 될 정관과 시행규칙이 필요할 것이다.

국가에는 헌법이 있고, 법률이 있고, 시행령이 있고, 시행규칙이 있어 문제가 발생했을 때 제정된 법률에 의하여 처리되고 있다.

영리를 목적으로 하는 법인이나 비영리 회사에서도 정관을 비치하고 있다.

교회도 어려운 일이 발생하면 어떻게 처리해야 할지 어려움에 처하게 되고, 정관과 시행규칙이 없다면 공정하게 처리할 수 없고 억울한 일을 당하여 피해를 볼 수 있어, 공정하게 처리할 법규 정관과 시행규칙의 잣대가 있어야 매사에 발생하는 문제점들을 반듯하게 처리할 수 있다.

교회의 정관은 그 교회의 헌법과 같으며, 동법 시행규칙은 정관의 하위 법으로 상위법에 저촉되면 무효가 되므로, 정관과 시행규칙을 만들 때는 법률지식이 있는 사람의 도움이 필요하다.

교회서적을 판매하는 기독교 서점에 가보면 교회재정 및 정관에 관련된 책자들이 많이 나와 있다. 그러나 자기 교회에 맞는 정관과 시행규칙을 만들면 되는 것이기 때문에, 내가 다니는 교회의 정관과 시행 규칙을 소개하고자 한다.

정관과 시행규칙이 없는 교회에서 자기 교회에 맞는 정관과 시행규칙을 만들 때 참고 자료로 사용하여, 교회의 어려운 재정 관리와 정관 및 시행 규칙을 만드는 데 도움이 된다면 하나님께서도 기뻐하실 것 같다.

다음은 정관 및 시행규칙과 관련된 모범적인 행정 관련법규(안)를 모델로 제시하고자 한다.

제1절 인사운영에 관한 시행규칙

제0조 (목적)

이 시행규칙은 ○○○○교회 정관 제○조의 인사규정에 의하여 청빙 및 채용, 복무, 연수, 보수, 복지에 관한 지침을 마련하여 공정하고 교회의 효율적인 운영을 도모하는 데 필요한 사항을 규정함을 목적으로 한다.

적용대상은 인사시행규칙에서 정한 교역자 및 사무직원 교인을 대상으로 한다.

제0조 (청빙)

1. 담임목사 및 교역자(정관 제○○조 및 제○○조)

① 담임목사 청빙은 ○○위원회에서 인선한 청빙위원(7인)으로 담임목사 청빙위원회를 구성하여 '담임목사 청빙규정'을 제정하고, 그에 따라 인선된 최종 적합자에 대하여 구역인사위원회에 회부하여 의결을 받도록 한다.

② 담임목사를 제외한 교역자의 청빙은 담임목사의 제청에 의하여 인사위원회

에서 심의하여 임명한다. 부목사는 교육부에서 인정하는 ○○교 신학대학교(대학원)를 졸업한 자로 한다.

2. 국내외에 파송하는 선교사는 본 교회의 필요에 의하여 담임목사가 임면하되 임면조건, 자격, 직무, 임기, 파송, 지원 등의 제반 사항은 인사위원회 및 선교위원회에서 관련 사항을 심의 의결한다. 단, 결의를 득한 경우라도「교리와 장정」제78조(교역자의 인사 처리) 제3항에서 정한 ○○회 본부에서 선교사로 인준을 받은 자라야 한다.

제0조 (채용)

1. 본 교회의 모든 일은 교인들의 봉사에 의하여 실행하는 것을 원칙으로 한다. 다만 필요한 경우에는 다음과 같은 직원을 채용하여 유급제로 운용하되, 직원은 교인이어야 하며 교인의 지위가 상실되면 자동 퇴직으로 간주한다.

① 사무장: 본 교회의 행정 및 관리 사무를 총괄 수행하기 위하여 사무장을 채용할 수 있다. 사무장은 담임목사의 천거로 인사위원회에서 심의 승인한다.

② 사무직원: 경리, 행정직원, 관리직원, 운전기사 등을 직원으로 두며 사무장의 천거에 의하여 담임목사가 채용한다.

③ 임시직원: 야간당직자, 환경미화담당 직원을 두며 담임목사가 채용하되 사무장이 천거할 수 있다.

2. 유급직원의 자격, 채용, 보수, 정년 등에 관한 사항은 별도의 규정이나 시행규칙에서 정한다.

제0조 (채용방법)

① 유급 일반직원은 고용계약을 체결한다.

② 계약기간이 만료될 경우 자동 면직으로 한다. 단 재계약할 수 있다.

③ 모든 유급직원은 만 18세 이상 만 60세 이하로 하며 주민등록상 생년월일에 의한다.

④ 직원의 채용은 공개모집과 직접모집, 위탁모집으로 할 수 있다.

제0조 (수습기간)

신규 채용된 직원은 3개월 이내의 수습기간을 두며, 수습기간은 자녀의 교육비를 지원하지 않으며, 근무연수는 산입한다. 다만 교회가 필요하다고 인정할 때에는 수습기간을 연장할 수 있다.

제0조 (채용거부)

① 수습 기간 중 근무성적 및 실태가 불량할 때

② 건강상태가 근무에 부적당하다고 인정될 때

③ 채용관련 서류를 소정 기간 내에 제출하지 않거나 허위사실이 발견되었을 때

제0조 (결격사유)

① 금치산자 또는 한정치산자

② 파산자로서 복권되지 아니한 자

③ 금고 이상의 형을 선고 받은 자

제0조 (휴직구분)

1. 인병휴직: 직원이 부상 또는 질병(결핵, 간염)으로 인하여 정해진 휴가 기간이 경과하였음에도 계속 출근이 불가능할 때에는 인병휴직을 명할 수 있다.

2. 기타휴직: 특별한 사유로 인하여 휴직하고자 하는 경우 인사위원회 심의를 거쳐 휴직을 명할 수 있다.

제0조 (휴직기간)

① 인병휴직: 1년 이내의 기간 내에서 인병휴직을 명할 수 있다.

② 기타휴직: 승인된 기간까지

제0조 (담임목사와 부교역자의 은퇴 및 정년)

① 담임목사는 만 70세가 된 후 ○○위원회에서 은퇴 시기를 확인한다.

② 담임목사는 만 20년 이상 계속 시무한 경우 ○○위원회의 결의로 원로목사로 추대할 수 있다(단, 만 20년 이하 시무한 때에도 교회의 부흥 발전에 현저히 기여한바 공로가 인정될 경우 ○○위원회의 결의로 원로 목사로 추대할 수 있다).

③ 부목사의 정년은 만 65세, 전도사의 정년은 만 60세로 한다.

④ 원로목사 추대와 그 예우에 관한 제반사항은 ○○위원회에서 추천한 5인으로 구성된 원로목사 추대위원회에서 심의하여 ○○위원회의 결의를 거쳐 확정한다.

제0조 (직원의 정년)

① 직원은 만 60세 당해 연도 12월 말일에 정년퇴직한다.

② 교회가 필요로 하는 경우 1년 단위로 2년간 연장할 수 있다.

③ 본 조항은 2010년 회계연도부터 시행한다.

제0조 (면직절차)

① 직원이 사직하고자 할 때에는 특별한 사유가 없는 한 퇴직 당일로부터 1개월 전에 사직원을 제출하고 담임목사의 승인을 받아야 한다.

② 의원 면직자의 면직일은 면직 발령일로 한다.

제0조 (해고)

다음 각항에 해당하는 경우에는 해고한다.

① 목회사역 성적이 불량하여 개전의 정이 없다고 인정되는 자

② 교인의 심방과정에서 취득한 정보를 타인에게 누설하여 문제를 크게 야기

한 자

③ 심방 예배 시 드려진 헌금을 재정부에 접수하지 아니한 자

④ 반기독교적 언행으로 품위를 크게 손상시킨 자

⑤ 직원 간의 친목을 해치고 교회의 질서를 문란케 한 자

⑥ 담임목사의 목회방침에 역행하는 자

⑦ 직권을 남용하거나 직무를 유기한 자

⑧ 3회 이상의 징계처분을 받은 자

⑨ 5일간 무단결근한 자

⑩ 난치의 전염성 질환을 가진 자

⑪ 법률에 의하여 공민권이 정지 또는 박탈당한 자

⑫ 교회에 근무 중 금치산 또는 한정치산자로 선고 받은 자

⑬ 형사상 유죄 판결을 받은 자

제0조 (해고 예고)

① 교회의 운영상 부득이 감원이 필요할 때

② 해고를 할 때는 30일 전에 예고한다.

제0조 (교육훈련)

① 교회는 교역자가 목회사역에 필요한 영성교육 및 목회능력 향상을 위한 교육을 대내외적으로 년 1회 이상 받도록 해야 한다.

② 사무직원 및 관리직원은 해당관청 등에서 법적으로 이수토록 한 필수 교육을 반드시 받아야 한다.

제0조 (근태상황 복무 및 감독)

① 담임목사는 교역자 및 사무직원의 사역활동 및 근무상태를 정기 및 수시로 점검하여 교회 운영에 지장이 없도록 관리 감독한다.

② 교역자 및 사무직원의 근무시간은 09:00시부터 18:00시까지로 한다. 단, 교역자의 근무시간은 담임목사의 목회사역 협력에 따라 담임목사의 지시에 따른다.

제0조 (직원의 의무)

① 신의성실: 교회의 규정과 지시사항을 준수하여 근면 성실히 맡은 사역을 수행하여야 한다.

② 교회의 방침과 상사의 사역상의 지시명령에 복종하여 자기사역에 전념하고, 작업능률 향상에 노력함과 아울러 교회의 규정을 준수하여 서로 노력하여 교회의 질서 유지에 전력한다.

③ 겸업금지: 사역 기간 중 자신의 사업을 영위하거나 타 기관의 업무에 종사할 수 없다.

④ 기밀엄수: 재직 중 또는 재직 후라 할지라도 교회 사역상의 기밀을 누설하여서는 안 된다.

⑤ 청렴의무: 교회의 거래처로부터 이익의 제공을 약속받거나 제공받아서는 아니 된다.

제0조 (금지행위)

다음 각 호에 해당하는 행위를 하여서는 아니 된다.

① 허가를 얻지 아니하고 근무시간에 집단적 활동을 하는 행위

② 허가를 얻지 아니하고 교회 또는 부속시설 내에서 집회, 연설, 인쇄물 배포, 정치활동을 하는 행위

③ 허가를 얻지 아니하고 교회의 문서, 물품, 가게, 기구 등을 반출하는 행위

④ 교회에 대하여 사실을 왜곡 선전하거나 해를 끼치는 행위

⑤ 음주나 흡연을 하고 근무하는 행위

⑥ 기타 교역자 및 직원, 교인으로서 품위를 손상시키는 행위

제0조 (휴가)

1. 청원휴가
① 본인결혼: 5일
② 부모 및 배우자 부모, 배우자의 사망: 5일
③ 직계가족의 사망: 3일
④ 자녀결혼: 1일
⑤ 청원휴가를 얻고자 하는 경우 3일 전에 증빙서류를 첨부하여 휴가를 신청해야 한다.

2. 산전휴가
임신 중의 여자 교역자 및 직원에 대하여는 산전과 산후를 통하여 60일 이상의 유급 보호휴가를 준다. 다만 유급보호휴가는 산후에 45일 이상 확보되도록 한다.

3. 명령휴가 : 사무실 직원들이 노동법에 저촉되지 않게 휴가를 명령하는 것. 직원의 근무상태가 불량하여 사고 발생이 심히 우려될 때 명령휴지을 명할 수 있다.

4. 안식년 휴가
담임목사와 부목사의 임직 중 매 7년째 되는 해에 안식년 휴가 계획서를 인사위원회에 제출하여 ○○위원회의 결의를 거쳐 ○○회에서 허락한다.
① 담임목사 안식년은 6개월
② 부목사 안식년은 3개월

5. 포상휴가

본 교회에 소속된 교인이 본 교회의 발전에 크게 기여한 공로가 있다고 인정될 때, 해당 위원회(부서)에서 추천하여 인사위원회의 심의를 거쳐 담임목사가 표창한다.

또한 그 보상으로 선교 여행 등 포상휴가를 실시할 수 있다(정관 제18조).

① 10년 이상 계속 근무한 자로서 교회발전에 기여한 공로가 현저한 자

② 10년 이상 교사, 찬양대원, 식당 및 교통 봉사 등으로 타의 모범이 된 자

③ 재해, 도난 및 사고 등을 미연에 방지 또는 신속한 조치로 그 피해를 적게 한 자

6. 인병휴가

근무 중 부상을 당하거나 경미한 질병으로 휴가를 원하는 경우는 7일 이내로 허락한다.

제0조 (징계)

교회는 다음 각항에 해당되는 교역자 및 직원, 교인을 징계할 수 있다.

① 직원의 의무를 해태한 자(제16조)

② 금지 행위를 위반하는 자(제17조, 제18조)

③ 본 ○○교회에 위배되는 교리를 주장하거나 선전할 때

제0조 (징계절차)

① 징계는 각 위원회 및 부서장의 청구에 의하여 그 절차가 개시된다.

② 인사위원회는 징계 의결을 하기에 앞서 징계 대상자에게 소명의 기회를 주어야 한다.

③ 징계 관련 회의는 비공개로 한다.

④ 징계 의결은 재적의원 3분의 2 이상의 찬성이 있어야 한다.

⑤ 징계 처분결과는 인사위원장이 서면으로 징계 대상자에게 통보하여야
한다.

제0조 (재심절차)

① 제25조 제4항(감급) 이상의 징계 처분을 받은 교역자 및 직원은 통보를 받은
날로부터 7일 이내에 서면으로 인사위원회에 재심을 청구할 수 있다.

② 제1항의 재심 청구가 있을 때는 15일 이내에 재심 청구에 대한 판정을 하여
야 한다.

③ 또한 재심 청구자의 재심 청구 이유를 들어야 한다.

④ 재심 판정이 제20조의 징계의결을 변경할 때에도 재적 위원 3분의 2이상의
찬성으로 의결한다.

⑤ 제4항에 의한 징계 변경의 재심 판정 의결을 하지 아니하는 경우에는 재심
청구에 대하여 기각 결정을 하여야 한다.

⑥ 재심 판정 결과도 인사위원장이 해당자에게 서면으로 통보하여야 한다.

제0조 (징계의 확정)

① 징계치분 통고를 빋은 후 7일 이내에 재심 청구를 하시 아니하는 경우에 그
기간이 경과한 때

② 재심 청구를 한 경우 재심 판정이 있을 때

제0조 (교인의 징계)

① 권고

② 경고

③ 근신

④ 성찬 정지

⑤ 출교

제0조 (교역자 및 직원의 징계)

① 경고

② 시말서

③ 견책

④ 감급(사례액 감함)

⑤ 정직

⑥ 면직(해고)

제0조 (○○위원회 보고)

인사위원회는 징계가 확정되면 그 결과를 ○○위원회에 보고하여야 한다.

제0조 (표창 및 징계서류 보관 비치)

① 위원회 서기는 표창 및 징계 관련 서류를 작성한다.

② 행정실의 장은 제1항의 서류를 교회 사무실에 보관 비치한다.

제0조 (위원회)

1. 목적

본 교회의 목적과 비전을 달성하기 위하여, 담임목사의 목회사역 협력을 위하여 ○○위원회의 집행부서로 위원회를 구성 사역하게 한다.

2. 위원회사역

① ○○위원회의 결의로서 위원회를 두어 활동하게 하며, 위원회의 증감이나 명칭을 변경하고자 할 때는 담임목사가 결정하여 ○○위원회의 승인을 받는다.

② 각 위원회는 사역에 필요한 경우, 위원회별로 본 시행규칙에 의거 별도의 세부 규정을 정하여 ○○위원회의 승인을 받아 운용하며, 각 부서와 기관을 둘

수 있다.

3. 위원장

① 본 교회 각 위원회의 위원장은 담임목사가 임명한다.

② 위원장은 위원회를 대표하며 위원장이 부득이한 사유로 직무를 수행할 수 없을 때에 위원 중 선임자 순으로 이를 대행한다.

제0조 (○○위원회)

개체교회를 원활하게 운영하기 위하여 ○○위원회(이하 '위원회'라 한다)를 둔다.

1. 위원회 구성

① 위원회는 목사와 장로로 구성한다.

② 위원장은 담임목사가 맡으며, 서기는 위원회에서 선임한다.

③ 위원회의 서기는 회의의 준비, 자료의 작성 등 위원회의 사무를 담당한다.

④ 담임목사가 부득이한 사유(공석, 출타, 질병, 역할 포기 등)로 그 역할을 담당치 못할 경우에는 담임목사가 지명하는 부담임자가 그 임무를 대행한다(단, 지명자가 없을 경우에는 ○○위원 1/2 이상의 동의로 위원장을 선임할 수 있다).

2. 회의

① 위원회의 정기회의는 분기 1회(연 4회)로 3월, 6월, 9월, 12월로 해당월 셋째 주 주일에 개회한다.

② 위원장이 필요하다고 인정할 시 또는 위원 1/3 이상의 요구가 있을 시 임시 회의를 소집할 수 있다. 이때 위원장은 임시회의 소집 요구를 받은 날로부터 15 일 이내에 회의가 개회되도록 하여야 한다.

③ 위원회의 회의는 구성원 과반수의 참석으로 성립한다.

3. 임무

본 교회 정관 제33조(임무)에서 정한 임무를 수행한다.

4. 정상적으로 위원회가 운영되기 어려운 부득이한 사유가 있을 시, 위원 1/2 이상의 동의로 특별위원회를 두어 그 임무를 대행하게 할 수 있다.

5. 기타 사항은 본 교회의 정관에 따른다.

제0조 (인사위원회)

1. 인사위원회 구성

① 인사위원회의 구성은(이하 '위원회'라 한다) 담임목사와 부목사 1인, ○○위원회가 추천하는 장로 5인 등 총 7인으로 구성하며, 임원은 위원장과 서기 1인으로 한다.

② 위원장은 담임목사가 맡으며, 서기는 위원회에서 선임한다(단, 담임목사 유고 시에는 수석부목사, 장로 연급 순으로 위원장을 대행한다).

③ 위원회의 서기는 회의의 준비, 자료 작성 등 위원회의 사무를 담당한다.

2. 회의

① 위원회의 회의는 위원장이 필요 시 소집한다. 위원은 구성원 1/3 이상으로 회의의 소집을 요구할 수 있다.

② 위원회의 회의는 구성원 과반수의 참석으로 성립한다.

③ 부의 안건 중징계와 직접적으로 관련된 위원은 회의에 참석할 수 없으며, 위원회 구성원 수에 산입되지 아니한다.

④ 부의 안건은 참석자의 2/3 이상의 찬성으로 의결한다.

3. 부의사항

위원회는 다음 각 호의 사항을 심의 의결한다.

① 교역자 재임명에 관한 사항

② 교역자 청빙 및 직원 채용에 관한 사항

③ 국내외 선교사 파견에 관한 인사처리 사항(임면조건, 자격, 직무, 임기, 파송)

④ 임원회 임원의 인선에 관한 사항

⑤ 각 부서장의 인선에 관한 사항

⑥ 각 위원회 소속위원 배속 조정업무

⑦ 교역자 및 교회직원의 정원 조정

⑧ 교역자 및 교회직원과 교인의 징계 및 표창에 관한 사항

⑨ 대외 협력기관의 임원 선출 시 본 교회 소속 교인의 입후보자 심사

제0조 (재무위원회)

본 교회의 재정 수입과 지출, 기타 회계 처리를 건전하게 운용되도록 하기 위하여 재무위원회(재무부를 재무위원회)를 둔다.

1. 구성: 재무위원장은 담임목사의 추천에 의하여 ○○위원회의 승인을 받아야 하고, 재무위원은 10년 이상 출석한 자로 재무위원장의 추천을 받아 담임목사가 임명한다(유급직원).

2. 재무위원회의 수행업무 및 원칙

① 본 교회의 재정 업무처리는 적법성, 절차의 정당성, 공정성 등 세 가지 원칙 하에 시행한다.

② 본 교회의 재정은 재무위원회가 담당하며, 재무위원장이 재정수입 및 지출에 관한 사무를 종합 관리한다.

③ 본 교회 재정 운영의 건전성을 위해 내부감사를 의무적으로 연 1회(하반기) 시행하며, 필요에 따라 ○○위원회의 결의로 외부회계기관에 재정 감사를 의뢰한다.

④ 재무위원회는 재정(현금포함) 운용계획, 회계서류관리, 교인헌금 및 기타 수입관리, 분기별 재정결산, 금융거래(예, 적금, 기타적립금, 대출, 상환) 등의 업무를 수행한다.

⑤ 재무위원장은 수입 및 지출내역, 교회재정 잔고현황 등을 매 주일마다 결산하여 담임목사에게 서면으로 보고하여야 한다(단, 담임목사의 요청에 의해 보고 기일을 변경할 수 있다).

⑥ 재무위원장은 정기 ○○위원회에 재정수입 및 지출에 관한 사무를 보고하여야 한다.

⑦ 기타 사항은 본 교회 '재무, 회계처리에 관한 시행규칙'에 따른다.

제0조 (예결산위원회)

본 교회의 당해 회계연도 결산안과 차기연도 예산을 처리하기 위하여 ○○위원회 산하에 예결산위원회를 둔다.

① 구성: 위원회 구성은 담임목사, 부목사 1인, 재무위원장, 재무위원 1인과 ○○위원회에서 추천한 장로 3인 등 7인으로 구성한다.

② 활동기간: ○○위원회의 결의로서 담임목사는 9월 첫째 주에 예결산위원회를 소집하고, 예산위원회는 당해연도 12월 말까지 활동하며, 결산위원회는 차기년도 1월 말까지 활동한다.

③ 교회 목회운영 기본지침 통보: 담임목사는 차기연도 예산안 편성을 위하여 '교회목회 운영 기본지침'을 수립하고, ○○위원회의 결의를 거쳐 각 위원회 및 각 부서에 시달하여야 한다.

④ 예산안 제출: 각 부서의 세부 예산내역을 종합하여 예결산위원회는 단일 예산을 수립한 뒤 ○○위원회에 이를 제출하여야 한다.

⑤ 결산보고서 제출: 예결산위원회는 당해 회계연도의 교회 총 수입 지출을 망라한 결산 보고서를 기획위원회에 제출한다.

⑥ 예결산안 의결: ○○위원회에 제출된 예산안은 11월 중 ○○위원회 의결을

거쳐 12월 중 ○○회에서 확정한다.

⑦ 의결정족수: 예결산위원회는 재적위원 과반수 이상의 출석으로 개회하고 출석위원 과반수 이상의 찬성으로 의결한다.

⑧ 예결산위원회 회의 의사에 대하여는 회의록으로 기록을 유지하며 정기 ○○회에 제출한다.

제0조 (감사위원회)

본 교회는 예산집행의 적법한 절차 및 사용을 효과적으로 지도 감사하기 위함을 목적으로 감사위원회를 둔다.

1. 감사위원회 구성

① 감사위원회의 구성은(이하 '위원회'라 한다) ○○회에서 추천하는 장로 2인으로 한다.

② 위원장은 연급 선임 장로가 한다.

③ 위원회의 서기는 회의의 준비, 자료 작성 등 위원회의 사무를 담당한다.

2. 회의

① 위원회의 회의는 위원장이 정기 감사 실시 1개월 전인 11월 중에 소집한다.

② 위원회의 회의는 구성원 과반수의 참석으로 성립한다.

3. 감사 계획수립 및 감사 실시 통보

① 위원회는 감사 일정 및 감사 방향을 설정하는 등 추진 계획을 수립한다.

② 위원회는 담임목사에게 감사 실시계획에 따라 감사 일정을 통보한다.

③ 위원회는 예산을 사용하는 재무위원회를 비롯한 각 부서에 대하여 감사에 필요한 감사 자료인 계획 결의서, 지출 결의서, 현금출납부, 통장 등을 감사 일정에 맞춰 제출토록 한다.

④ 감사는 감사 결과보고서를 작성하여 당회에 보고하여 승인을 받는다.

⑤ 감사 실시에 대한 사항은 감사규정에 따른다.

제0조 (선교위원회)

본 교회의 필요에 의하여 국내외에 파송되는 선교사의 선교사역 활동지원과 선교계획에 의한 소정의 업무절차를 처리하기 위하여 선교위원회를 둔다.

1. 선교위원회 구성

① 선교위원회의 구성은(이하 '위원회'라 한다) 선교담당 부목사 1인, 선교부장 1인, 기획위원회가 추천하는 장로 3인 등 총 5인으로 구성한다.

② 위원장은 선교담당 부목사가 맡으며, 서기는 위원회에서 선임한다.

③ 위원회의 서기는 회의의 준비, 자료 작성 등 위원회의 사무를 담당한다.

2. 회의

① 위원회의 회의는 위원장이 필요 시 소집한다. 위원은 구성원 1/3 이상으로 회의의 소집을 요구할 수 있다.

② 위원회의 회의는 구성원 과반수의 참석으로 성립한다.

③ 부의 안건은 참석자의 2/3의 찬성으로 의결한다.

3. 선교활동 구분

1) 국내선교

① 전도학교 운영, 전도훈련 프로그램 실시

② 각종 문서 및 설교테이프, 전도지 제작

③ 방송 및 인터넷을 이용한 선교

④ 신학교(신학대학) 및 선교기관 보조

⑤ 북한선교 및 학원선교 활동

⑥ 남녀선교회, 청·장년선교회, 청년선교회의 지도 및 관리(각 선교회간 사업 조정).

⑦ 국내 미자립교회 및 소외계층 지원을 통한 선교

2) 해외선교

① 세계선교주일 행사 실시

② 해외 선교를 위한 상황조사, 선교계획 수립

③ 해외 선교현장 지원 및 관리

④ 해외 선교사 상황보고 및 자료수집, 홍보

3) 특수선교

① 장애인선교

② 병원선교, 군 선교(육군훈련소, 부대교회 방문 및 연합예배)

③ 의료선교(내과, 치과, 이비인후과 등)

④ 각종 이벤트선교(다문화가정 선교, 웨딩선교, 미용선교, 포토선교 등)

⑤ 외국인 유학생 및 외국인근로자 선교

⑥ 체육활동을 통한 선교(축구, 탁구, 테니스 등 동호인 모임)

4) 기타사항

각 교구 목장헌금 합계액 중 선교비 후원할당액(45%)에 대한 선교비.

예산집행 시 후원 대상자인 선교기관 및 개인 대상자를 엄선하여 후원하되, 후원자 자격 적정 여부를 상하반기에 정기적으로 면밀히 검토하고 낭비적 요소가 없도록 해야 한다.

제0조 (교육위원회)

1. 교육위원회 구성

① 교육위원회의 구성은(이하 '위원회'라 한다) 다음과 같다.

교육위원장은 담임목사가 추천하여 ○○위원회의 승인을 받은 장로 1인과 ○

○위원회가 추천하는 장로 3인, 교육담당목사 1인 등 5인으로 구성한다.

② 임원은 위원장과 총무 1인, 서기 1인으로 한다. 총무와 서기는 위원회에서 선임한다.

③ 총무는 각급 학교 간의 협력사항 및 조정, 위원회의 회의 일정 등을 계획 수립하여 통지한다.

④ 위원회의 서기는 회의의 준비, 자료 작성 등 위원회의 사무를 담당한다.

⑤ 각급 학교는 운영상 실행위원을 별도로 정할 수 있으며, 실행위원은 간사로 임명할 수 있다.

2. 회의

① 위원회의 회의는 위원장이 필요 시 소집한다. 위원은 구성원 1/3 이상으로 회의의 소집을 요구할 수 있다.

② 위원회의 회의는 구성원 과반수의 참석으로 성립한다.

③ 부의 안건은 참석자의 2/3 이상의 찬성으로 의결한다.

3. 교육위원회 업무사항

위원회는 다음 각 호의 사항을 심의 의결한다.

① 교회학교의 교육활동 지원

② 교사훈련 및 교육프로그램 실시

③ 절기(하계, 동계 수련회 등)교육 및 공동체교육 강화

④ 각종 교육 기자재 확보

⑤ 시청각 교육기자재 관리 및 효율적 운용

⑥ 교회학교의 증설 및 통폐합

4. 교육위원회 부속 교회학교의 목적과 관할

교회학교의 목적과 관할은 다음과 같다.

① 교회학교의 목적은, 성경말씀을 가르침으로써 창조주 하나님과 예수 그리스도를 통한 구원의 은총을 믿고, 그리스도의 성품으로 성장하는 데 목적이 있다.

② 교회학교는 교육위원회의 관할 및 감독 하에 두며, 업무는 각급 학교가 지원한다.

5. 교회학교의 조직

① 교회학교의 교장은 담임목사가 맡는다.

② 각급 학교의 부장과 교사는 담임목사가 임명하되 ○○위원회의 승인을 받는다.

③ 교회학교는 다음과 같이 구분하여 운영한다.

가. 영아부: 1-3세의 어린이

나. 유아부: 4-5세의 어린이

다. 유치부: 6-7세의 어린이

라. 아동부: 초등학교 1-6학년(1,2부 및 영어 아동부 운영)

마. 중등부: 중학교 1-3학년

바. 고등부: 고등학교 1-3학년(고3 별도 운영)

제0조 (재산관리위원회)

1. 재산관리위원회 구성

① 재산관리위원회의 구성은(이하 '위원회'라 한다) 다음과 같다.

재산관리 위원장은 담임목사가 추천하여 ○○위원회의 승인을 받은 장로 1인과 ○○위원회가 추천하는 장로 3인, 교회 사무장 1인 등 5인으로 구성한다.

② 임원은 위원장과 서기 1인으로 한다. 서기는 위원회에서 선임한다.

③ 위원회의 서기는 회의의 준비, 자료 작성 등 위원회의 사무를 담당한다.

2. 회의

① 위원회의 회의는 위원장이 필요 시 소집한다. 위원은 구성원 1/3 이상으로 회의의 소집을 요구할 수 있다.

② 위원장 유고 시 교회 사무장이 대행하여 회의를 진행할 수 있다.

③ 위원회의 회의는 구성원 과반수의 참석으로 성립한다.

④ 부의 안건은 참석자의 2/3 이상의 찬성으로 의결한다.

3. 재산관리 위원회 업무사항

위원회는 유지재단에 편입된 아래의 재산에 대한 처분을 제외한 사항을 심의 의결한다.

① 토지, 건물 관리에 관한 일체

② 차량 관리에 관한 일체

③ 식당 관리에 관한 일체

④ 각종 교육기자재 확보

⑤ 시청각 교육기자재 관리 및 효율적 운용

⑥ 비품 및 기타 자산(부외자산 등) 관리 일체

제0조 (임원 임기 및 해체)

1. 위원장 및 위원의 임기는 1년으로 하되 3년까지 연임할 수 있다. 위원의 유고시 ○○위원회 및 담임목사의 추천에 의하여 선임하며, 남은 잔여 기간 동안만 활동한다.

2. 위원회 중 임무가 종료되어 존속의 필요성이 없는 위원회는 해체된 것으로 본다.

제0조 (연령제한)

각 위원장 및 부서장의 임명은 연령이 65세가 경과되면 선임하지 않는 것을 원칙으로 한다. 단, 교회의 필요상 특정 대상자가 적격하다고 인정되는 경우는 예외로 한다.

제0조 (추천)

각 위원장은 위원을 인사위원회에 추천하며 중복되지 않는 한 추천인을 우선 배속한다.

제0조 (중복선임)

인사위원, 재무위원, 예 결산 위원, 선교위원, 교육위원, 재산관리위원은 중복 될 수 있다.

제0조 (언권회원)

1. 은퇴임원은 회원으로 배속되지 않으며, 다만 필요 시 언권회원을 둘 수 있다.

2. 각 전문 부서의 원로장로 중에서 그 부서에 적임 자격사를 고문으로 위촉 할 수 있다.

제0조 (담임목사 및 부목사의 주택유지 및 관리)

주택유지에 필요한 제세공과금 및 관리비, 보수비용 등을 교회가 부담하여 지 원하는 것을 말하며 이는 '교역자 주택유지 및 관리운영 규정;에 따른다.

제0조 (교역자 및 직원의 복지사항)

1. 의료비(병원비, 약값) 지원

2. 교역자 자녀 교육비 비원(수습 기간 제외)

3. 직원의 4대 보험(교회 50%, 본인 50% 부담)

4. 특별격려금 지원(명절, 기타 특별일)

5. 국내여비(출장비 실비 지급)

6. 건강진단 실시(교회 50%, 본인 50% 부담)

제0조 (직원의 정원 및 연봉, 상여금)

직원의 정원 및 연봉, 상여금은 인사위원회 및 재무위원회의 심의를 거쳐 ○○
위원회에서 승인한다.

제2절 청빙 및 채용 시 제출서류

제0조 (목사)

1. 이력서(3개월 이내 촬영한 본인 사진 첨부) 1부

2. 가족관계 확인서(증명원) 1부

3. 본인 소개서 1부(성장 배경, 가족사항, 지원동기, 목회 경험 A4용지 한글 10포인트 3매 이상)

4. 건강진단서 1부[사모 포함, 병원(의원) 발행 취업용, 최근 6개월 이내]

5. 저서 또는 논문 각 1부(해당자에 한함)

제0조 (전도사)

1. 이력서(3개월 이내 촬영한 본인 사진 첨부) 1부

2. 가족관계 확인서(증명원) 1부

3. 본인 소개서 1부(성장 배경, 가족사항, 지원동기, 목회 경험 A4용지 한글 10포인트 3매 이상)

4. 건강진단서 1부[사모포함, 병원(의원)발행 취업용, 최근 6개월 이내]

제0조 (직원)

1. 이력서(3개월 이내 촬영한 본인 사진 첨부) 1부

2. 가족관계 확인서(증명원) 1부

3. 본인 소개서 1부(성장 배경, 가족사항, 지원동기 한글 10포인트 3매 이상)

4. 건강진단서 1부[사모 포함, 병원(의원) 발행 취업용, 최근 6개월 이내]

제0조 (교역자 재임명)

1. 담임목사는 항존직으로 하며 그 직무를 수행할 수 없는 중대한 사유(목회적, 법률적, 도덕적)가 없는 한 징계를 받지 아니한다.

2. 부목사, 전도사의 재임명은 ○○회 전 ○○위원회에서 본 교회 정관 제14조 2항에 의하여 시행한다. 단, 그 ○○위원회가 개회되지 못했을 경우에는 3개월 이내에 정기회의에서 또는 임시회의를 소집하여 이를 의결하여야 한다.)

【부 칙】

○ 본 시행 규칙은 ○○위원회에서 통과된 날 (201○. ○○. ○○)로부터 시행한다.

제3절 재무 회계처리에 관한 시행규칙

제0조 (목적)

이 시행규칙은 ○○○○교회(이하 '본 교회'라 함) 교회정관에 의해 본 교회의 재무 회계 및 재정운영에 필요한 세부사항을 정하여 교회 재무 회계처리의 명확성과 공정성, 투명성을 기함으로써 교회발전과 목회사역에 유익을 도모함을 목적으로

한다.

제0조 (회계운영의 기본원칙)

1. 본 교회의 회계는 '교회정관' 제○조(목적)에 부합되도록 건전하게 운영되어야 하며 투명하고 합리적으로 처리해야 한다.
2. 본 교회의 재정회계의 운영은 적법성, 절차의 정당성, 공정성 등 세 가지 원칙하에 시행한다.

제0조 (적용범위)

본 교회의 회계업무는 교회정관에 준거하여 처리하되, 모든 재정수입과 지출, 그리고 회계 처리와 관련하여 교회정관에 규정된 경우를 제외하고는 이 시행규칙에 의한다.

제0조 (회계연도)

본 교회의 회계연도는 당해 연도 1월 1일부터 다음 해 12월 31일까지를 1회계연도로 본다.

제0조 (회계의 구분)

1. 본 교회의 회계는 경상예산을 처리하는 일반회계와 교회의 특정한 수입이나 지출을 구분하기 위하여 일반회계로부터 분리하여 처리하는 특별회계로 구분한다. 본 교회의 교육관(비전센터) 내 수입사업인 ○○동산 운영 수익이 발생함에 따라 재무위원회 결정에 의해 별도의 특별회계로 운영할 수 있으며, 단 특별회계의 결산일은 당해연도 말로 한다.
2. 본 교회의 회계 및 재정운영에 관한 사항은 교회 회계 프로그램으로 처리

할 수 있다.

3. 교회의 수익사업(부동산 임대업. 커피숍 등)은 관할 세무서에 사업자등록하고 각종 세무신고(부가가치세와 법인세 등)를 이행하여야 한다.

제0조 (교회자산)

1. 본 교회의 재산은 교인들의 십일조 및 각종 헌금, 기타 교회의 수입으로 이루어진 동산 및 부동산을 말하며, 이는 교인들의 총유로 한다.

2. 본 교회의 재산은 ○○○○○○○회 ○○○○교회의 유지재단 소유로 등기하여야 하며, 등기상의 대표자는 유지재단 대표 회장목사로 한다.

3. 본 교회 재산의 관리 보존을 ○○위원회에 위임한다.

4. 본 교회의 재산관리 대장은 ○○위원회가 승인한 별도의 규정에 의해 비치 관리토록 한다.

제0조 (재정의 범위)

본 교회의 재정은 교인의 십일조 및 각종 헌금, 기타 교회의 수입으로 충당하되, 정부시업을 위탁 받아 사회복지사업을 시행하는 경우에는 정부 보조금, 또는 기부금으로 충당한다.

제0조 (재정 관리의 책임과 의무)

1. 본 교회 재정 관리의 실무책임자로 재무위원회의 위원장을 두며 재무위원장은 교회 재정처리와 관련한 전반에 대하여 재무위원들과 협력 하여야 한다.

2. 재무위원장은 담임목사의 추천에 의하여 ○○위원회의 승인을 받아야 하며, 재무부원은 재무위원장의 추천으로 담임목사가 임명한다.

3. 교회의 재정은 하나님께 드리는 헌금으로 이루어진 것이므로 이를 관리 하

는 교인은 신앙의 바탕위에서 선량한 관리자로서의 의무를 다 하여야 한다.

제0조 (회계업무의 인계인수)

1. 본 교회의 재무위원장과 재무부원, 회계담당 유급사무직원이 교체된 때에는 당해 사무의 인계 인수를 일주일 이내에 행하여야 한다.

2. 인계자는 인계할 회계서류와 증빙서류 등의 목록을 각각 3부씩 작성하여 인계자, 또는 그 대리인이 작성한 문서의 내용을 입회자의 입회하에 확인한 후, 인계자와 인수자 및 입회자가 각각 기명날인하여 각각 1부씩 보관하고, 1부는 담임목사에게 제출하여야 한다.

3. 회계업무의 인수자나 입회자는 필요에 따라 담임목사가 지명한다.

4. 전항의 인계인수가 충분히 진행되지 않거나 확정되지 않을 경우에는, 인계인수업무가 완료되기 전까지 ○○위원회의 결정으로 회계 업무 처리를 중단할 수 있다.

제0조 (예산의 관리자)

1. 본 교회 ○○회서 확정된 예산의 관리 및 집행의 결정한 책임은 교회정관 제4장 제1절(○○회) 제22조(결의사항) 규정과 제00조(시행규칙)를 제정하여 각 부서장이 담당한다.

2. 담임목사는 교회정관 제3장(인사) 제00조(교역자, 직분자, 직원의 직무)와 제4장 제1절(○○회) 제22조(결의사항) 규정에 따라 제00조(시행규칙을 제정하여 각 부서장이 관리집행하는 예산에 대하여 지도하고 감독하는 권한을 갖는다).

제0조 (예산운영의 원칙)

1. 본 교회의 예산의 운영은 각 부서장 단위의 주요 사역 및 부서장 부속기관의 단위 사역별로 운영한다.
2. 부서장은 담임목사의 당해 연도 목회운영방침에 합리적이고 효율적으로 관리 운영 하여야 한다.
3. 각부서장 등 교회재정형편에 따라 예산을 신축적으로 운영하여야 한다.

제0조 (예산관리의 전산처리)

본 교회의 재정업무를 처리하기 위해 프로그램을 도입 운영토록 하며, 프로그램 운영에 따르는 상세한 절차는 재무위원회 별도의 운영지침, 또는 매뉴얼을 작성하여 적용하며 이를 ○○위원회에 보고한다.

제0조 (수입과 지출)

1. 본 교회는 당해 회계연도의 십일조 등 일반헌금과 목장헌금, 목적헌금, 절기헌금, 특정헌금 및 임대보증금, 교회건물 임대수익, 비전센터의 ○○동산 운영수입, 동산 및 부동산의 처분으로 발생한 수입금을 수입으로 하고, 사용한 모든 경비는 지출로 한다.
2. 전항의 임대보증금은 사택입주자의 변경에 따라 상환을 해야 할 경우에는 교회 일반 회계 수입부에서 마이너스(-)로 상계하여 처리한다.
3. 수입과 지출은 모두 예산에 편입하는 것을 원칙으로 한다.

제 0조 (예결산위원회의 구성과 운영)

1. 예결산위원회는 담임목사, 부목사 1인, 재무위원장, 재무위원 1인과 ○○위

원회에서 추천한 장로 3인 내지 5인으로 구성한다.

2. 예결산위원회 위원장은 담임목사로 하며 간사, 서기 등 임원을 둘 수 있다.

3. 예결산위원회가 작성하여 ○○위원회로 제출하거나, ○○위원회에서 최종 확정하는 예산안은 담임목사, 또는 예결산위원장이 지명하는 위원으로 하여금 보고하도록 할 수 있다.

4. 예결산위원회는 ○○위원회 결정으로 예산위원회와 결산위원회로 나누어 운영할 수 있다. 이 경우, 예산위원회는 당해 연도 12월 말까지 활동하며 결산위원회는 차기 연도 1월 말까지 활동한다.

5. 예결산위원회의 의사정족수는 과반수 이상의 출석으로 하며, 의결정족수는 출석위원 과반수 이상의 찬성으로 한다.

6. 예결산위원회의 예산안 편성에 관한 회의결과는 기록으로 유지하여 담임목사의 결재를 받도록 하며, 심의 의결과정을 상세하게 기록하는 회의록을 작성 보관한다.

제0조 (예산의 편성요령)

1. 담임목사는 교회정관 제4장 제22조 규정대로 예산안 편성을 위하여 매 회계연도 개시일 3개월 전까지 본 교회의 예산편성요령과 지침을 담은 '교회목회 운영 기본지침'을 정하여 예결산위원회에 통지하며, ○○위원회의 결의를 거쳐 각 부서에 시달한다.

2. 예산의 편성은 반드시 '교회목회운영기본지침'에 부응되도록 편성하여야 한다.

3. 각 부서는 산하 소속기관으로부터 사역에 소요되는 세부예산안(사업 목적, 방침, 일반계획, 세부계획)을 제출 받아 총괄 편성하여 예결산위원장에게 제출한다.

제0조 (예산의 편성 및 결정)

1. 담임목사는 ○○위원회의 결의를 거쳐 매 회계연도 개시일 3개월 전에 예결산위원회를 소집한다.

2. 각 부서는 세부예산내역을 작성하여 예결산위원회에 제출하며, 재무부장과 재무위원은 단일 예산안을 종합하여 수립한 뒤, 예결산위원회의 심사 후 11월까지 확정한다.

3. 예결산위원회에서 확정된 예산안은 12월 첫째 주까지 ○○위원회에 상정하고, 12월 중 ○○위원회의 의결을 거쳐 12월 정기○○회서 확정한다. 다만, 부득이한 사정으로 해당 일정이 변경된 경우에는 사전에 충분히 공지하여 ○○회의 일정을 재조정하며, 이 경우에도 ○○위원회의 결의에 따른다.

4. 예결산위원회에서 ○○위원회로 제출한 예산안은 필요한 경우, ○○위원회 결의로 수정하여 ○○회에서 승인을 득한다.

5. 예산안 편성에 필요한 의사정족수는 교회정관 해당규정에 준한다.

제0조 (예산에 첨부되어야 할 서류)

본 교회의 ○○회에서 최종 확정하는 예산에는 다음 각 호의 서류가 첨부되어야 한다.

1. 교회운영기본지침(매 회계연도)

2. 수입 지출명세 총괄표

3. 수입부 및 각 부서장별 지출부 세부내역서

4. 교역자, 직원 보수 일람표

5. 당해 회계연도 예산을 의결한 예결산위원장, ○○위원회 회의록

제0조 (준예산)

회계연도가 시작되는 1월 첫째 주까지 예산안이 확정되지 아니하는 경우 ○○
에는 ○○회 확정 시까지 ○○위원회의 결의로 다음의 경비를 전년도 예산에 준
하여 집행할 수 있다.

1. 교역자 및 직원의 보수
2. 교회 본당 및 교육관(비전센터) 등 운영에 직접 사용되는 필수적 경비
3. 법령상 지급의무가 있는 경비

제0조 (추가경정예산)

1. 예산 성립 후에 발생된 사유로 이미 성립한 예산에 변경을 가할 필요가 있
을 때에는 ○○위원회의 심의와 결의를 거쳐 추가경정예산을 편성하며 추후 ○
○회의 승인을 받는다.
2. 추가경정예산은 수입부와 지출부로 편성한다.
3. 추가경정예산의 편성내역은 결산 안에 포함하여 최초 예산 변동사항을 교
인들에게 알리고 추후 ○○회에서 확정하도록 한다.

제0조 (예비비)

1. 당초 편성된 예산 외 지출, 또는 예산의 초과지출을 충당하기 위하여 예비비
전용이 필요한 경우, ○○위원회의 결의로 규모를 정하며 ○○회에서 확정한다.
2. 예비비 전용 및 지출에 관한 사항을 별도의 예비비 사용조서를 작성하여 기
재한다.

제0조 (예산의 목적 외 사용금지)

1. 본 교회 일반회계 및 특별회계의 예산은 지출예산이 정한 목적 외에 이를 사용하지 못한다.
2. 전항의 사용목적의 변경에 따른 예산집행 등의 불가피한 사유가 발생할 시에는 ○○위원회의 결의로 시행할 수 있다.

제0조 (예산의 전용)

1. 각 부서에 편성된 예산 중 항목 간의 전용이 필요한 사항은 담임목사의 결재권을 위임 받은 부서장의 전결로 시행한다. 단, 부서장은 항목 간 전용예산 처리내역을 재무위원장에게 보고 처리한다.
2. 부서 간 예산의 전용과 총예비비의 전용은 ○○위원회의 결의를 거쳐 부서장의 결재 문서로 시행한다.
3. 전항의 경우에도 ○○회에서 확정된 당해 회계연도 총예산의 범위를 초과할 수 없다.

제0조 (특정목적의 예산)

1. 2회계연도 이상에 걸쳐서 재원을 조달할 필요가 있는 특수목적을 위해 회계연도마다 일정액을 예산에 계상하여 '특정목적을 위한 적립금'으로 적립할 수 있다.
2. 전항의 경우, 반드시 ○○위원회의 결의를 거쳐 시행한다.

제0조 (회계연도 결산서의 작성 및 제출)

1. 본 교회 예결산위원장은 본 교회의 수입 지출결산서를 작성하여, 매 회계연도 개시일 2개월 후 ○○위원회에 제출하여 심의와 결의를 거친 다음 ○○회서 최종 확정한다.
2. 교회의 회계연도 수입 지출결산서와는 별도 분기별 수입 지출내역을 결산하여 분기별로 기획위원회에 보고하여 협의함을 원칙으로 한다.

제0조 (회계연도 결산 안에 첨부해야 할 서류)

1. 수입 지출결산서 총괄
2. 수입부 및 부서별 지출부 세부결산내역서
3. 총예비비 사용조서
4. 추가경정예산의 편성내역
5. 교회재산 명세서
6. 감사보고서

제0조 (회계의 원칙)

1. 본 교회의 재정은 투명한 운영과 공개를 원칙으로 하며, 신빙성 있고 합리적으로 처리해야 한다.
2. 교회재정운영은 건전성을 위해 내부감사를 연 1회(하반기) 시행하며, ○○위원회의 결의로 외부 회계기관에 감사를 의뢰할 수 있다.

제0조 (수입 및 지출 사무의 관리)

1. 본 교회를 대표하는 담임목사는 교회 재정의 수입 및 지출에 관한 사무를 지도 감독한다.

2. 재무위원장은 수입 및 지출에 관한 업무를 종합 관리한다.

3. 재무위원장의 업무는 재정운영계획의 수립, 교회 내 전체회계서류 관리, 교회의 모든 헌금 및 기타수입 등 재정수입 관리, 각 부서장에서 지출 결의된 청구금액 확인 및 지출, 분기별 재정결산, 금융기관거래(예,적금, 기타 적립금, 대출, 상환 등) 등으로 한다.

4. 재무위원장은 주별 헌금내역과 기타수입 등 부서장별 지출내역, 잔고 현황을 총괄한 '수입 지출 현황'을 매주 담임목사에게 서면으로 제출하여야 한다.

5. 재무위원장 외의 각 부서장은 수입 및 지출에 관한 실무업무를 직접 담당할 수 있는 회계 관리자를 부서장별로 지정하여 둘 수 있으며, 재무위원장 외의 각 부서장별 회계 업무는 수기로 할 수 있다.

제0조 (수입 및 지출의 집행기관)

1. 각 부서장은 예산의 확보, 집행, 결산을 책임지며, 각 부서장은 수입과 지출의 현금 출납 업무를 담당하는 회계를 둘 수 있다.

2. 각 부서장은 교회 재정의 수납 및 출납이 가능한 통장을 개설하고, 재무위원장에게 통보하여야 한다.

제0조 (금융거래기관의 개설 및 해제)

본 교회 명의로 은행과의 거래와 제예금의 개설 등 재계약을 체결하거나 해제하고자 할 시에는 재무위원회의 결의를 거쳐야 한다.

제0조 (회계기장의 방식)

1. 본 교회의 회계기장은 ○○위원회 결의로 단식부기 방식에서 ○○○○년도부터는 복식부기 방식으로 전환한다.
2. 추후 교회 회계기장 방식의 변경을 요할 때에는 ○○위원회의 결의에 의한다.
3. 단, 본 교회의 특별회계(수익사업)는 회계기장 방식을 ○○위원회의 결의에 의한다.

제0조 (회계서류의 종류)

1. 본 교회의 회계서류는 다음과 같이 한다.
① 재정장부(예산청구 및 지출결의서, 수입 지출 현황자료, 자금인수증 및 각종 전표, 반납금 확인서, 부서장 결재 문서철 등)
② 총계정 원장 및 각 계정원장
③ 현금출납부
④ 재산관리대장
2. 회계서류의 보관, 보존, 편철, 대출 및 복사에 관하여는 담임목사의 승인하에 처리하며, 특별한 경우로 판단될 시에는 ○○위원회의 결의를 거친다.

제0조 (회계서류의 보존연한 및 폐기)

1. 본 교회의 각종 회계(재정) 서류의 보존연한은 5년을 원칙으로 한다. 단, 보존기간은 회계 서류가 완결된 익년 회계연도 초부터 기산한다.
2. 보존연한이 경과한 회계서류는 ○○회의 위임을 받아 재무위원회의 결정으로 폐기할 수 있다.

3. 단, 세법상 증빙의 소멸시효 5년 규정을 받는 일부 특별한 경우에는 재무위원회의 결의로 보존연한을 별도로 정할 수 있다.

4. 전 항의 규정에도 불구하고 그 밖의 중요사항이 발생할 경우 재무위원회의 결의로 조치할 수 있다.

제0조 (회계서류의 열람)

1. 본 교회 ○○회에서 당해 회계연도 예산안이 승인된 후에는 회계서류를 열람할 수 없으며, 단, ○○위원회의 결의로 ○○회를 거쳐 출석회원 3분의 2의 찬성으로 열람할 수 있다.

2. ○○회에서 당해연도 결산안이 승인된 이후에는 회계서류를 열람할 수 없다.

제0조 (헌금의 구분과 관리)

1. 헌금은 십일조헌금, 감사헌금, 주일헌금 등 일반헌금과 목장헌금, 목적헌금, 절기헌금 등으로 구분하며, 철저히게 하나님께 구별하여 드리는 신앙의 표현이어야 한다.

2. 교회의 모든 수입은 주단위로 재무위원장이 정리하여 담임목사에게 문서로 제출하며, 매월 ○○위원회에 보고하고 당해 회계연도 결산안 승인을 ○○회서 확정한다. 단, 교회 재정 수입에는 헌금 외의 임대보증금, 동산 및 부동산의 처분금액, 교회시설 이용 부대 수익, 금융이자도 포함한다.

3. 주일학교의 헌금은 각 부별로 수납 관리하여 각 부장이 재무위원장에게 인계하고 수입 처리토록 한다.

4. 교회 재정에서 지원되는 주일학교 운영 및 사업관련 예산은 그 잔액을 회계연도 말에 교회 재정으로 환입처리한다.

5. 담임목사는 교인들의 바른 헌금을 위하여 수시로 교육할 수 있다.

제0조 (목적헌금)

1. 교회정관 제00조 교회사역 범위에 부합되게 당해 회계연도마다 수입부 예산에 목적헌금을 편성하며, 필요시 ○○위원회의 결정으로 특수 목적헌금을 별도로 정하여 편성할 수 있다.

2. 목적헌금의 편성 시행은 본 시행규칙 제00조(예산의 편성 및 결정)의 절차에 따르며, 재무위원장이 일반헌금 등과 함께 통합 관리한다.

3. 특수한 목적의 특수목적헌금은 각종 헌금과 함께 교회 재정으로 일괄 수입 처리하되, 정해진 사역의 목적에 맞게 헌금 전액을 지출하는 것을 원칙으로 한다.

4. 특수목적헌금을 포함한 목적헌금에 대한 각종 교회사역의 지출내역은 분기별로 정리하되, 최종 결산내역은 당해 회계연도 결산안 승인을 위해 ○○위원회를 거쳐 ○○회서 확정한다.

5. 위에 명시되지 아니한 그 밖의 사항은 교회정관이나 본 시행규칙의 각 규정을 준용할 수 있다.

제0조 (헌금의 계수)

1. 교회 헌금함에서의 운반과 계수는 재무부원만이 가능하며, 다만, 새벽기도회 및 주중 집회 시 재무부원 요청이 있는 경우 교역자가 운반할 수 있다. 이 경우에도 주일학교 각부 헌금은 예외로 하며, 각 부장 책임하에 철저하게 계수하여 관리한다.

2. 교회 헌금의 계수는 어떠한 경우든 2인 이상 입회하에 ○○위원회가 지정한 장소에서 처리해야 한다.

3. 헌금 계수의 마감은 주일에는 당일 오후 5시 이내를 원칙으로 하며, 신년 및 절기 헌금의 경우는 재무위원장 책임하에 마감시간을 정한다.

4. 현금 계수액, 온라인송금 금액은 기록명세서(봉투포함) 액수, 통장기재 액수와 같아야 하며, 전산 입력된 금액과도 일치하여야 한다.

5. 수입전표는 각 부 예배별로 취합된 헌금을 상세하게 기재한 집계표로 하며, 재무위원장이 보관한다.

제0조 (헌금관리)

1. 본 교회에서 매주 수납하는 헌금은 재무위원장이 집계를 모두 마친 후 ○○위원회가 지정한 보완이 완벽한 장소의 금고 등에 보관하고, 익일(금융기관 영업일)까지 거래은행에 예입하여야 한다.

2. 교회는 헌금의 안전운반관리를 위하여 금융안전 용역업체 또는 금융기관과 협약을 체결하여 파출 수납토록 한다(단, 그렇지 못할 경우는 재무위원 외 1명이 동행하여 파출 수납토록 한다).

3. 본 교회 명의로 은행과의 거래와 제예금의 개설 등 재계약을 체결하거나 해제하고자 할 시에는 재무위원회의 결정에 따른다.

제0조 (헌금 장부 및 통장, 인감의 관리)

1. 교회헌금 수입금에 대한 개인별 내역장부와 금융기관 거래통장은 회계별로 구분될 수 있도록 보관 관리하여야 한다.

2. 금융사고의 예방을 위하여 교회통장 및 인감은 담임목사가 지명하는 교역자 1명과 재무위원장을 포함한 ○○위원 1명 등 3명이 복수 관리하는 것을 원칙으로 한다.

제0조 (헌금내역의 조회)

교인의 개인별 헌금내역은 개인 연말정산을 위해 정리하는 것으로, 관련법에서 정한 것 외에는 어떤 경우에도 제3자에게 공개가 불가하며, 다만, 본인의 헌금내역조회는 본인의 요청 시 재무위원장이 담임목사의 위임 전결을 받아 할 수 있다.

제0조 (과년도 수입과 반납금 입금)

1. 결산이 완결된 연도에 속하는 수입, 기타 예산 외의 수입은 모두 당해 회계연도의 수입에 편입하는 것을 원칙으로 한다.
2. 지출된 예산의 반납금은 잡수입으로 처리할 수 있고, 또는 각 부서가 지출한 과목에서 차감으로 처리할 수 있다.

제0조 (과·오납과 지출 후 잔액의 반환)

1. 과·오납된 수입금은 수입한 수입에서 직접 반환하며, 지출 후 발생된 잔액은 원칙적으로 즉시 반납하는 것으로 한다.
2. 전항의 예외 적용은 ○○위원회의 결의로 한다.

제0조 (지출의 원칙)

1. ○○회에서 확정된 예산을 집행하기 위해서는 지출 근거가 있어야 한다.
2. 재정지출은 제00조 규정에 의한 지출사무를 관리하는 자 및 그 위임을 받은 자가 지출 결의서에 의한 지출명령이 있는 것에 한하여 지출한다.
3. 전항의 지출명령은 부서장의 책임하에 반드시 예산의 범위 안에서 행하여야 한다.

제0조 (결재의 구분)

1. 본 교회 각 부서장의 책임 지출에 따른 결재의 구분은 아래와 같다.
＊담임목사: 교회위임 전결규정에 따라 각 부서장의 연간 세부사역 계획안을 차기연도 예산안 편성 이전에 보고 받고, 교회위임 전결규정에 따라 각 부서장의 중요사역에 대해서는 예산집행 결과를 확인 지도한다.
2. 부서장: 예산의 확보와 예산의 집행, 예산의 결산을 책임지며 이 과정에서 발생하는 각종 기안 문서를 결재 처리하고 지출하며, 부서장이 총괄 운영한다.
3. 그 밖의 사항은 교회위임 전결규정에 준한다.

제0조 (전결권)

본 교회 담임목사의 전결권 위임은 '교회위임 전결규정'에 따르며, 필요시 ○○위원회의 결의로 변경할 수 있다.

제0조 (지출의 절차)

1. 각 부서장의 지출은 교회정관, 본 시행규칙, 또는 중요사역에 대한 ○○위원회의 결의(회의록), ○○위원회 결의로 확정된 각종 규정 및 지침, 담임목사에 보고된 부서장 결의, 외부공문 등을 관련근거로 하여 지출하는 것을 원칙으로 한다.
2. 각 부서장의 지출관련 서류는 당해 부서의 회계담당자를 기안자로 하여 부서장이 전결 처리하는 것을 원칙으로 하며, 스테프교역자를 협조자로 할 수 있다.
3. 각 부서장의 지출행위가 이루어진 관련서류는 재무위원회 1부, 각 부서별 1부로 분류하여 보관하되, 별도의 규정이 마련될 때까지 교회가 통합 관리한다.

제0조 (예산의 청구 및 집행)

1. 본 교회 각 부서장의 예산 청구는 부서장 기안문서와 첨부서류, 지출 결의서에 의하여 매주 금요일 오전까지 교회에 제출하는 것을 원칙으로 한다.
2. 지출결의서에 의하여 청구된 금액은 화요일 오전까지 부서장 통장, 또는 청구서에 명기된 지급처에 온라인 송금처리한다.
3. 각 부서장은 통장에서 인출된 현금을 즉시 집행해야 하며, 지출 계획의 보류로 인한 인출현금의 잔액은 바로 재무위원장을 통해 교회 재정으로 환입한다.

제0조 (예산의 청구 및 집행)

1. 본 교회 각 부서장 기안문서와 첨부서류 지출결의서에 의하여 매주 금요일 오전까지 교회에 제출하는 것을 원칙으로 한다.
2. 지출결의서에 의하여 청구된 금액은 화요일 오전까지 부서장 통장, 또는 청구서에 명기된 지급처에 온라인 송금 처리한다.
3. 각 부서장은 통장에서 인출된 현금을 즉시 집행해야 하고, 지출계획의 보류로 인한 인출금액의 잔액은 바로 재무위원장을 통해 교회 재정으로 환입한다.

제0조 (지출의 방법)

1. 본 교회의 지출은 반드시 금융기관의 거래통장을 거쳐 현금을 인출 지급하거나, 부서장 통장 등으로 송금 지출하도록 한다.
2. 교회 경리는 주중에 불가피한 지출이 발생할 경우를 대비하여 사무실 통장에 일정한 금액을 예입하여 사용하거나, 소액의 현금을 보관할 수 있다.

제0조 (금전의 출납)

1. 금융기관을 방문하여 처리하는 금전출납은 교회 경리가 담당하며, 재무 위원, 또는 담당 교역자가 동행하여 처리할 수 있다.
2. 필요한 송금은 인터넷뱅킹을 통해 할 수 있다.

제0조 (지출의 특례)

지출의 특례를 두지 않는 것을 원칙으로 하나, 본 교회가 정한 기안일에 맞추지 못한 경우, 혹은 불가피한 주중 지출 등이 발생할 경우 사전에 재무위원장을 통해 담임목사에게 보고한 후 처리할 수 있다.

제0조 (지출의 증빙)

1. 교회의 재정지출은 세금계산서, 영수증서(영수확인서 및 지급확인서 등) 온라인 송금 확인증, 신용카드 매출전표, 또는 이에 준하는 증빙서를 결재문서와 예산청구서 지출결의서 뒷면, 또는 별지로 부착한다.
2. 교회의 특수성을 고려해야 하거나, 증빙서 첨부가 곤란한 특별한 경우에는 증빙서 첨부 대신 지급증으로 갈음하거나 지출결과 통지로 대체하고, 지급처는 담당부서장이 별도로 기록 정리하여 보관하도록 한다.

제0조 (보수의 정의)

1. 본 교회의 보수는 연봉제로 한다. 보수는 연봉과 그 밖의 제수당을 합산한 금액으로 한다.
2. 교역자인 담임목사와 부교역자(부목사, 전도사)에게 지급되는 보수는 '사례비'라 칭하며, 처음 청빙할 때 제시된 조건을 따른다.

3. ○○○○년 회계연도부터 시행한다.

제0조 (지급대상)

1. 본 교회 사례비 지급대상은 교역자로 하며 보수는 직원(계약직 포함)을 대상으로 한다.

2. 본 교회 교역자와 직원들에게 지급되는 사례 및 보수의 총액은 ○○위원회의 최종 승인을 받아 확정하며, 개인별 사례 및 보수일람표는 재무위원회에서 보관한다.

3. 담임목사를 제외한 본 교회 사례 및 보수(연봉)를 지급받는 대상은 재무위원장 제청으로 ○○위원회의 결의를 거쳐야 한다.

4. 본 교회의 고정적 보수로서 사례비와 보수를 지급받는 유급직원 외에 찬양대의 지휘자와 반주자, 찬양단, 기타 봉사직에 종사하는 간사 및 평신도는 유급봉사자로 할 수 있으며, 그 범위는 해당부서장의 제청으로 담임목사가 정한다.

5. 위 4항의 지급대상 외에 새로운 추가대상이 있을 경우, 해당부서장의 제청으로 재무위원회의 승인을 거쳐 결정할 수 있다.

제0조 (보수의 책정)

1. 담임목사와 부교역자, 유급직원의 보수책정기준, 구성항목, 지급액, 지급요건 등은 담임목사의 제반 의견을 반영하는 등 예결산위원회가 정하여 ○○위원회의 승인을 받는다.

2. 사례비 및 보수지급 대상자는 교회와 별도의 사역조건과 보수총액을 담은 약정서를 작성 보관한다.

제0조 (보수의 정의)

1. 본 교회 교역자 사례비 및 직원 보수(연봉)는 매 회계연도 개시일인 1월 1일 기준으로 정한다.

2. 보수의 조정을 위한 고려사항은 전년도의 보수수준, 민간의 임금책정, 표준생계비, 물가 변동률 등으로 하며, 특별한 경우 예결산위원회의 판단으로 정할 수 있다.

3. 재무위원장은 사역의 책임정도, 재직기간, 직위 등을 종합적으로 고려하여 매 회계 연도 말 보수를 조정하여 담임목사에게 건의할 수 있다.

4. 보수증감 등의 사유가 발생할 경우, 재무위원장의 제청으로 예결산위원회의 승인을 받도록 한다.

제0조 (보수의 지급)

1. 보수(연봉)는 총액을 12개월로 나눈 월액으로 지급하되, 목회활동비는 별도로 지급한다. 다만, 회계연도 중 퇴직하는 교역자 사례비 및 직원 보수의 지급방법은 제54조 제2항의 약정서에 명기한다.

2. 신규임용, 복직 등의 경우에는 발령일을 기산점으로 그 월일을 일할 계산하여 지급한다.

3. 면직 또는 휴직의 경우에는 그 달의 보수를 전액 지급한다. 다만, 그 달의 5일 이내에 면직되는 경우에는 발령일을 기산점으로 그 월액을 일할 계산하여 지급한다.

4. 보수의 지급은 현금으로 하며, 보수를 지급해야 하는 해당 주일에 재무위원장의 지출결의를 거쳐 다음 화요일 정오 이전까지 온라인으로 개인 계좌를 송금한다.

5. 교역자에게 보수를 지급할 때는 근로기준법 및 자체 재무관리지침에 의거

한 별도의 복지지침에 따라 지급한다.

6. 직원들에게는 국민건강보험료, 국민연금, 산재보험료, 고용보험료를 추가 공제한 후 지급한다.

7. 교역자와 직원들에 대한 제세 및 4대 보험금의 지급에 관한 본 시행 규칙과 ○○위원회의 결의는 '교직원 복지비 지급기준'에 준한다.

제0조 (보수지급일)

보수는 교회(재무위원장)가 정한 날짜에 지급하되 보수를 지급받는 교역자 및 직원이 교회에 요청한 은행계좌로 입금하되, 부득이한 사유로 본인에게 직접 지급할 수 없을 때에는 본인이 지정하는 자에게 지급할 수 있다.

제0조 (보수의 지급)

1. 본 교회는 교직원들에게 책정된 보수 이외에 '교직원 복지비 지급기준'등에 의하여 격려금, 복리후생과 관련한 비용 등을 별도로 지급할 수 있다.

2. 전 항의 '지급기준'의 변경을 요할 때에는 예결산위원회의 결의를 걸친다.

3. 보수 외 지급비용은 재무위원장을 비롯하여 해당부서장의 지출결의를 거쳐 시행하며, 지출결산은 총액으로 환산하여 예결산위원회의 결의를 거친다.

4. 보수 외 지급과 관련하여 중요한 사항은 ○○위원회 결의로 '선 시행, 후 ○○회의 승인'을 받도록 할 수 있다.

제0조 (퇴직금의 지급대상)

퇴직금은 다음 각 호에 해당하는 교역자 및 유급 직원에게 지급한다.

다만, 근속연수 1년 미만인 경우와 파트타임 근무자에게는 지급하지 않는다.

1. 담임목사

2. 부목사, 전도사

3. 유급직원

제0조 (퇴직금의 지급기준)

본 교회는 매 결산 시 1년 이상 계속하여 시무하거나 근무한 교역자와 직원에 대하여 법정퇴직금 또는 자체 재무관리지침에 의거한 별도의 복지지침에 따라 지급한다.

제0조 (담임목사 퇴직금의 중간정산)

1. 담임목사가 퇴직금의 중간정산을 교회에 요청하는 경우, 재무위원장이 중간정산금액의 계산 방법과 지급액수를 정하여 ○○위원회에 보고하며, 최종 결정은 ○○위원회의 결의로 한다(중간 정산은 자체 재무관리 지침에 의한다).
2. 퇴직금의 중간 정산 시에는 퇴직금의 산정 기간과 지급 사유가 명시된 '퇴직금 중간정산 요청서'를 담임목사가 재무위원장을 거쳐 ○○위원회에 제출하여야 한다.
3. 담임목사의 퇴직금 중간정산금은 담임목사 본인 명의의 은행계좌로 입금하여야 한다.

제0조 (목회비 성격)

본 교회 목회비는 교회 발전과 목회 유익에 관련 있는 담임목사의 대내외 사역 및 교회 대표자로서의 품위 유지를 위해 사용한다.

제0조 (사용 목적)

1. 교회 정관 제3조(목적)에 따른 예배와 선교, 교육과 봉사, 성도의 교제를 신앙원리로 하는 목회 및 담임목사 사역 수행에 부합되게 사용한다.

2. 위 1항의 목적 외에도 목회 비전에 따른 하나님의 나라를 실현하기 위한 목회에 도움을 주는 개인적 목회 사역을 위해 사용한다.

제0조 (목회비의 확보)

1. 목회비는 재무위원회에서 편성하여 예결산위원회의 결의를 거쳐 ○○회에서 최종 확정하는 예산으로 한다.
2. ○○회서 확정된 예산을 초과하는 경우가 발생할 시는 총 예비비에서 전용하여 사용하되, 예결산위원회의 결의에 따른다.

제0조 (수령 및 관리)

목회비는 교회 명의 '목회비 통장'으로 입금하며, 목회비의 관리는 목회 행정실에서 담당한다.

제0조 (지급방법 및 결산)

1. 목회비 회계처리 및 집행은 재정부 연간 지급계획에 근거하여 재무위원장의 지출 결의를 거쳐 시행한다.

증빙 자료를 넘겨받아 유형별 총액을 정리하여 회계연도 결산 예결산위원회를 거쳐 ○○회에서 최종 승인을 받는다.

제0조 (지급시기)

목회비는 연 6회 나누어 지급하는 것을 원칙으로 하나, 특별한 경우 재무위원장이 담임목사의 의견을 청취하여 지급시기를 정할 수 있다.

제0조 (목회 활동비)

본 교회의 목회활동비는 목회사역에 관련이 있는 다음의 용도에 맞게 사용하는 것으로 한다.

1. 담임목사의 목회연구 및 설교에 필요한 도서, 자료의 구입과 기타 필요한 제비용의 지출

2. 경제적 도움이 필요한 선교사, 목회자, 원로목사, 미자립교회 교역자, 성도 및 직원 등 대내외 지원비와는 지출 성격이 구분되는 개인적 목회사역

3. 교회 방문 교역자나 대내외 교역자, 성도, 각종 대인관계 시 식대, 선물 등의 접대

4. 개인 목회에 도움을 준 지인들과의 교제활동

5. 교직원 복지비에서 지출하지 않은 담임목사의 품위유지를 위한 의복, 기타 물품구입

6. 교직원 복지비에서 지출하지 않은 휴양이나 체력단련, 건강관리 등 목회사역에 도움이 되는 제반 활동비

7. 기타 애경사 지원 등을 포함, 담임목사 목회활동 영역에 부합되는 제반 사역

제0조 (지출증빙)

1. 목회비는 사용처에 맞게 영수증으로 처리하거나 목회비 전용 신용카드 매출전표 등을 통해 증빙한다.

2. 목회비 중 증빙이 곤란한 특수한 경우의 지출은 그 지급처를 목회 행정실, 또는 재무위원회가 별도로 기록 관리한다.

제0조 (성격)

본 교회의 대내외 지원비는 '담임목사 목회 비'와는 분명하게 구분되어 관련하여 지원한다.

제0조 (대내외 지원비의 확보)

1. 대내외 지원비는 재정부 예산 내에서 편성한다.

2. 관련 예산은 예결산위원회의 결의를 거쳐 ○○회에서 최종 확인한다.

3. ○○회서 최초로 확정된 예산을 초과하는 경우가 발생 시는 재무위원회가 총예비비에서 전용하여 사용하되, 절차 등은 본 시행규칙 제0조를 준용한다.

제0조 (지급방법 및 결산)

1. 대내외 지원비 처리 및 집행은 재무위원회의 지출결의를 거쳐 시행한다. 그 밖의 ○○위원회 또는 각 부서장이 대내외 지원비 청구 집행이 필요한 경우에는 반드시 재무위원회의 협조를 받도록 한다.

2. 각 부서장의 대내외 사역과 관련, 교회발전과 목회 유익에 연관하여 대내외 지원비 지출이 필요할 시 협조 공문으로 시행할 수 있다.

3. 대내외 지원비 집행내역은 총액 기준으로 ○○위원회와 ○○회서 결산내역을 최종 승인받는다.

제0조 (사용처)

1. 본 교회 대·내외 지원비는 원칙적으로 다음의 용도에 맞게 사용하는 것으로 한다.
① 본 교회 교인 및 대외 특별구제 지원
② 선교사 후원 및 선교사역 관련 지원
③ 교계 및 지역사회, 언론 등 각계 지원
④ 총회, 연회, 지방회, 구역회 등 각종 교계 기관 및 관련자 지원
⑤ 원로목회자, 방문목회자, 기타 방문자 등과 후원과 협력이 필요한 교회와

목회자 지원

⑥ 본 교회 내 교직원 수련활동(비정기), 중직자 사역 등 지원

⑦ 각종 대내외 애경사, 관심표명 등

2. 전항의 사용처 외에 추가 사용이 필요한 경우에는 ○○위원회의 결정으로 시행할 수 있다.

제0조 (지출증빙)

1. 대내외 지원비는 지원이 필요한 곳에 온라인 송금을 원칙으로 하나, 현금을 사용할 경우 영수증 또는 카드 매출전표 등으로 증빙한다.

2. 대내외 지원비 중 증빙이 곤란할 경우의 관련 지출은 그 지급처를 해당 부서장이 별도로 기록 관리한다.

제0조 (감사)

1. 본 교회의 회계감사는 각 부서장의 부속기관의 사역에 대하여 연 1회(00월) 실시히여야 힌다.

2. ○○위원회는 위의 1항과 관련하여 교회 수입 및 지출, 재산, 물품 및 현금 등의 관리 상황을 감사로 하여금 감사를 실시하게 할 수 있다. 단, 감사 계획의 수립 및 결과는 사전에 담임목사에게 보고한다.

3. 감사는 회계감사를 실시함에 있어서 해당 부서장에 필요한 자료의 제출 및 답변을 요구할 수 있다.

4. 감사는 회계감사의 결과로 업무의 부당, 과오가 발견되었을 시는 이를 문서로 해당 부서장에게 시정을 요구할 수 있으며, 해당 부서장은 시정 결과를 서면으로 15일 이내에 통보하여야 한다.

5. 감사는 감사결과 보고서를 작성하여 ○○회에 보고하여 승인을 받는다.

6. 감사는 회계감사 중에는 취득한 교회 및 개인의 정보를 외부에 공개할 수 없다.

7. ○○회에 제출하는 감사보고서에는 감사가 서명 날인하여야 한다.

제0조 (외부감사)

1. 본 교회 재정운영의 투명성을 강화하기 위하여 ○○위원회의 결의로서 외부 회계감사 전문기관 회계감사를 의뢰할 수 있다.

2. 외부회계감사의 의뢰는 재무부서장의 협조를 받아 회계감사가 시행한다.

3. 외부회계감사를 의뢰할 경우 결과보고서는 ○○위원회에 제출하며, ○○회서 감사결과를 보고, 최종 승인 받는다.

【부 칙】

제0조(보 칙)

1. 이 시행규칙에 미비된 것은 교회정관과 ○○○○○회 교리와 장정에 따르며, 위 규정에 명문화되지 않은 경우에는 ○○위원회의 결의, 또는 ○○회의 승인으로 시행한다.

2. 전항과 관련하여 시행규칙에 미비된 사항에 대한 결정은 ○○회가 ○○위원회에 위임하여 시행할 수 있다.

3. 본 시행규칙 개정 이전에 시행된 예결산 및 재정 지출 관련조치들은 본 시행규칙에 의하여 시행한 것으로 간주하며 계속 유효하다.

제0조 (시행일)

본 시행규칙은 ○○위원회에서 통과된 날(201○. ○○. ○○)로부터 시행한다.

제4절 재산 관리에 관한 규정

제0조 (목적)

이 규정은 본 교회가 유지 보전해야 할 기본 재산과 그 밖의 재산 관리에 관한 사항을 정함을 목적으로 한다.

제0조 (적용범위)

이 규정은 본 교회와 그 밖의 부설 기관의 모든 재산에 적용된다.

제0조 (재산의 범위)

재산의 범위는 다음 각 호와 같다.

1. 토지
2. 건물
3. 차량
4. 집기비품
5. 기타재산

제0조 (용어의 정의)

1. 재산관리라 함은 모든 재산의 효율적인 보전, 운용, 취득, 처분을 말한다. 다만, 제0조 제0호 및 제0호의 관리라 함은 재산의 취득과 매각 처분, 차입 담보제공 등을 위한 교회 정관에 규정된 대로 ○○위원회가 의결한 것에 따른 사무적인 업무만을 말한다.

2. 물품이라 함은 제0조 제0호, 제0호. 제0호의 것을 말한다.

3. 사무국의 사무장이라 함은 사무행정처리 및 제3조(재산의 범위)를 관리하는 자를 말한다.

4. 물품 관리책임자 및 물품 관리자라 함은 기계 및 기구, 비품 및 집기를 관리하는 자를 말한다.

5. 제3조 제0호 차량구입 및 처분, 물품구매에 관한 업무처리 절차는 물품관리책임자의 요청에 따라 교회 사무국이 재무위원회와 협의하여 시행한다(단, 300만 원 이상의 물품 구매 또는 공사 시).

6. 사택에 대한 것은 교역자 주택 유지 및 관리규정에 따른다.

제0조 (총괄관리 책임자)

1. 본 교회 재산의 전반적인 관리를 위하여 사무국을 두며, 관리 총책임자인 사무장이 이를 담당한다.

2. 사무장은 재산관리의 적정을 기하기 위하여 관리업무를 체계화하여 유지 보전해야 하며, 재산의 현황을 정확하게 파악하여 ○○위원회를 거쳐 ○○회서 보고하여야 한다.

3. 사무장은 토지 및 건물을 관리하기 위하여 관리책임자를 두며, 관리 책임자는 부동산의 관리업무를 담당할 수 있다.

4. 각 부서의 장은 물품관리의 철저를 기하기 위하여 물품관리 책임자가 되며, 그 소관에 속하는 자 중에서 물품관리자를 지정할 수 있다.

제0조 (물품의 수증)

1. 물품을 기증하고자 하는 자가 있을 때는 소정의 기증서에 따라 이를 받을 수 있다.

다만, 기증자의 서신 또는 공문서는 기증서에 갈음할 수 있다.

2. 물품관리책임자는 전항의 기증품이 있을 때에는 사무국의 사무장에게 보고하여야 한다.

제0조 (재산관리대장의 비치)

사무국은 재산관리에 관한 관계서류를 비치하고 필요한 사항을 기록 유지 하여야 한다.

제0조 (보험가입)

사무장은 본 교회 건물의 안전 관리상 필요하다고 판단될 때에는 손해 보험에 가입하여야 한다.

제0조 (부동산의 취득방침)

1. 제5조 제1항의 규정에도 불구하고 부동산의 취득에 관한 방침은 ○○위원회가 결정하며, 취득절차 및 취득에 따른 기술적인 사항에 한해 사무국의 소관으로 한다.
2. 최초 취득 외의 변동에 관한 사항은 사무장 책임하에 시행하되, ○○위원회에 보고하도록 한다.

제0조 (전세 등의 계약)

1. 사택을 제공하는 조건으로 초빙된 교역자와 기타 필요한 경우에는 사택을 전세, 또는 월세로 계약하여 사용할 수 있다.
2. 전항의 계약을 체결하는 경우에는 등기부의 열람 및 계약 원금에 대한 보전 조치를 취하여야 한다.
3. 교역자 외에 교회사택의 외부 세입자의 관리 및 운영을 위하여 별도의 기준, 또는 지침을 정하여 시행한다.

제O조 (물품 이동상황의 정리)

1. 물품관리 책임자 또는 물품관리자는 물품의 사용목적을 변경하거나 이관시키고자 할 때에는 사무국에 물품 이전 신고를 하여야 한다.
2. 물품을 분실하였을 때에는 물품 분실 신고서를 작성하여 즉시 사무장에게 보고하여야 한다.
3. 물품을 분실하였을 때에는 따로 정하는 바에 따라 변상하게 할 수 있다.

제O조 (불용의 결정)

1. 물품 중 사용할 수 없거나 사용할 필요가 없게 된 물품이 있을 때에는 물품관리책임자 또는 물품관리자는 불용품 목록을 작성하여 사무국에 제출하여야 한다.
2. 사무장은 전항의 물품을 재활용 가능품과 불용품으로 분류하고, 불용품에 대하여는 매각 또는 폐기하고 내용을 기록 보관하여야 한다.

제O조 (규칙)

1. 이 규정 시행에 필요한 사항은 따로 규약이나 규칙을 제정하여 시행할 수 있다.
2. 본 교회 물품구매에 관한 사항은 별도로 정할 수 있다.

【부 칙】

○ 본 규정은 ○○위원회에서 통과된 날(201○. ○○. ○○)로부터 시행한다.

제5절 주택 유지 및 관리 규정

제0조 (목적)

이 규정은 교역자의 주택 유지 및 관리를 통하여 본 교회의 재산을 효율적으로 운용함에 목적이 있다.

제0조 (주택의 유지 및 보수 등 지원)

1. 담임목사: 재산세를 포함하여 주택 유지에 필요한 제세공과금 및 관리비, 보수비용 등을 교회가 부담하여 지원한다.
2. 부목사
1) 전임에 한해 사택거주 지원
2) 최초 입주 시 이사 비용 지원
3) 재산세를 포함하여 주택 유지에 필요한 제세공과금 및 관리비, 보수 비용 등을 교회가 부담하여 지원
4) 이 기준 시행은 사무국 주관으로 하며, 위에 명시된 사항 위에 복지 후생과 관련하여 필요한 비용의 지출이 발생힐 경우, 새무위원회와 협의하에 내부결재를 거쳐 시행한다.

제0조 (지출관련 절차 및 증빙)

1. 교역자 주택의 유지와 관리에 필요한 예산은 편성하되, 매년 소집되는 예결산위원회의 결의를 거쳐 ○○회서 최종 확정한다.
2. ○○회에서 확정된 예산 초과 시는 예결산위원회 의결로 총예비비에서 전용 사용하고, 연말 ○○회서 결산내역을 최종 승인하여야 한다.
3. 회계처리는 지도, 감독을 위한 담임목사 연초 결재문서에 근거하여 재무위

원장의 지출결의를 거쳐 시행한다.

제0조 (경과조치)

○ 본 〈지급기준〉은 ○○위원회의 결의를 거쳐 담임목사의 결재를 득한 날로부터 시행하며, 〈기준〉개정 이전의 지출과 관련하여 진행된 지출결의 등의 조치는 계속 유효한 것으로 한다.

【부 칙】

○ 본 규정은 ○○위원회에서 통과된 날(201○. ○○. ○○)로부터 시행한다.

제6절 후생복지 규정

제0조 (목적)

이 규정은 복지 지원에 있어서의 적법한 절차와 그 사용을 효과적으로 하기 위함을 목적으로 한다.

제0조 (자녀 교육비 지원)

자체 재무관리지침에 따른다.

제0조 (건강보험료 및 국민연금 등 지원)

자체 재무관리지침에 따른다.

제0조 (특별 격려금)

자체 재무관리지침에 따른다.

제0조 (경조사비 지원)

자체 재무관리지침에 따른다.

제0조 (지출 관련 절차 및 증빙)

1. 교직원 복지비는 재무부 예산 과목으로 편성, 예결산위원회 심의를 거쳐 ○○회에서 최종 확정한다.
2. ○○회에서 확정된 예산 초과 시는 예결산위원회의 의결로 총 예비비에서 전용하고, 연말 ○○회서 결산 내역을 최종 승인한다.
3. 회계처리는 지도, 감독을 위한 담임목사 연초 결재문서에 근거하여 재무위원장의 책임하에 지출결의를 거쳐 시행한다.

제 0조 (경과조치)

본 규정은 ○○위원회의 결의를 거쳐 담임목사의 결재를 득한 날로부터 시행하며, 〈규정〉개정 이전의 지출과 관련하여 진행된 지출결의 등의 조치는 계속 유효한 것으로 한다.

【부 칙】

○ 본 규정은 ○○위원회에서 통과된 날(201○. ○○. ○○)로부터 시행한다.

제7절 차량 관리 규정

제0조 (목적)

본 규정은 교회차량 및 지입차량의 원활한 관리에 있다.

제0조 (전담구성)

차량관리 구성원은 사무장 및 담당 직원을 포함한 소수로 구성한다.

제0조 (소관업무)

소관업무는 다음과 같다.

1. 차량 운행의 관리

2. 차량 수리 및 운영, 구입의 관리

3. 기사관리

4. 차량 안내위원 및 차량봉사위원(정, 부)의 관리 및 위로

제0조 (회의)

사무장은 운영 필요시 회의를 소집할 수 있다.

제0조 (재정)

차량 구입 및 판매는 특별회계로 하며, 차량 운영에 필요한 경비는 일반회계로 하고, 차량 수리는 사무장이 이를 결정하여 처리하되 필요에 따라 재무위원장과 협의하여 결정한다.

제0조 (지입차량)

1. 지입차량을 사용하는 경우 운전기사는 신실한 세례교인이어야 한다.

2. 운전기사의 연령은 만 60세 이하로 한다.

3. 지입차량은 영업용으로 하고, 연식은 출고 후 만 5년 미만으로 한다.

제0조 (차량운행 코스)

차량운행 코스는 편도 30분 이내로 하는 것을 원칙으로 하며, 차량별 운행 코스를 연 1회 이상 작성하여 사무장이 보관한다.

제0조 (차량신청)

1. 각 부서에서 교회차량 사용을 신청할 때는 차량사용 신청서를 기록하여 사전에 사무장의 결재를 득해야 한다.

2. 교회 밖의 행사는 그 자체를 담임목사의 승인을 득해야 한다.

3. 각 부서의 차량사용 신청이 중복될 때는 사무장의 결정에 따른다.

4. 교인이 개인적으로 교회차량 사용을 신청할 때는 소정의 절차를 밟아 정해진 비용을 지불한다.

5. 교인의 애경사와 관련하여 운행 시는 교회의 방침에 따른다.

제 0조 (운행일지)

교회 차량관리를 위하여 차량 관리자를 선임하고 그 차량 관리자는 운행일지를 작성하여야 한다.

제0조 (기타)

위에서 정하지 아니한 사항은 사무국 내규에 따른다.

【부 칙】

○ 본 규정은 ○○위원회에서 통과된 날(201○. ○○. ○○)로부터 시행한다.

제8절 감사 규정

제0조 (목적)

이 규정은 예산 집행의 적법한 절차 및 사용을 효과적으로 지도 감사하기 위함을 목적으로 한다.

제0조 (구성 및 임기)

감사위원은 ○○회에서 선출하는 감사위원 2인으로 하며, 임기는 2년으로 하되 연임할 수 있다.

제0조 (전문위원)

적법하고 효과적인 감사를 실시하기 위하여 회계사, 세무사, 변호사를 전문위원으로 위촉할 수 있다.

제0조 (소관업무)

교회의 모든 회계 전반에 대하여 년 1회 정기 감사와 ○○회의 결의에 따라 예방감사 등 특별감사를 실시할 수 있으며, 소관업무 및 중점 감사 사항은 다음과 같다.

1. 교회 수입 및 지출, 재산, 물품 및 현금 등의 관리상황
2. 임의로 관, 항, 목 변경 및 해당 대상자 변경 유용한 상황
3. 지출 결의서에 위임 전결사항의 청구 부서장 결재 없이 임의로 유용한 사항
4. 영수증 미첨부한 사항
5. 관, 항목의 뜻에 반하여 임의 사용 사항

6. 예산항목 변경신청서 및 추가 예산요구서의 적법 사항

7. 교회 중점사업 및 대분류 의거 작성, 사업계획 대사업실적 대비 분석

8. 회계장부, 문서 등 기록교육 및 우수기관, 단체의 선정

9. 전년도 감사 지적사항 이행 여부

제0조 (감사결과 보고)

감사는 감사 결과보고서를 ○○회에 제출하고 감사 결과를 승인받는다.

제0조 (지적사항 시정조치)

감사 결과 보고서에 지적된 감사결과를 해당 기관에 서면으로 시정 통보하고, 해당 기관은 시정 결과를 감사위원회에 서면 보고한다.

【부 칙】

○ 본 규정은 ○○위원회에서 통과된 날(201○. ○○. ○○)로부터 시행한다.

제9절 신천장로 선출 규정

제0조 (지도자의 자격)

선한 일을 사모하여 책망할 것이 없으며, 자기 집을 잘 다스려 자녀들로 하여금 모든 단정함으로 복종케 하는 자, 일구이언을 하지 아니하고 깨끗한 양심에 믿음의 비밀을 가진 자, 단정하고 참소하지 않고 절제하며 모든 일에 충성된 자라야 한다.

제0조 (장로의 자격)

신앙이 돈독하고, 교인의 의무를 성실히 감당함은 물론 전도할 능력과 열심이 있으며, 본 교회의 등록이 5년이 경과되고, 권사로 5년 이상 연임하고 온 가족이 교회에 나오는 자(단, 연령은 교리와 장정에 의한다).

1. 권사로 5년 이상 된 자
2. 교회집회에 열심히 참석하는 자(주일 낮, 주일, 수요저녁, 목장, 각 기도회 새벽, 저녁)
3. 헌금생활을 하는 자(십일조, 감사, 특별헌금)
4. 가정 구원이 이루어진 자
5. 영혼구원에 열정을 가지고 참여하는 자
6. 교회 일에 적극적으로 협력하는 자(봉사기관)
7. 가르치며 권면할 수 있는 지도력이 있는 자
8. 담임목사의 목회를 적극적으로 협력하는 자
9. 신앙과 인격이 전교인의 모범이 될 수 있는 자
10. 도덕적으로 흠이 없는 자
11. 교회를 위해 모든 것을 바쳐 일생을 헌신할 수 있는 자

제0조 (신천장로 천거)

본 교회의 신천장로 후보자로 천거할 수 있는 이는 교역자, 장로이다.

제0조 (자격심사)

신천장로 후보자로 천거된 이에 대해서 담임목사와 교역자 등이 본 교회 정관에 따라 심사한다.

제0조 (교인의 의무)

정한 충분한 자격의 적정성 여부를 심사한다.

제0조 (○○위원회의 투표와 ○○회 천거)

자격심사를 통과한 신천장로 후보자 각자에 대해서 ○○위원회에서 투표 하여 2/3이상 득표한 자에 한해 ○○회에 회부한다.

제0조 (선거방법)

○○회에서 출석한 2/3 이상의 찬성으로 지방회에 천거한다.

제0조 (기 타)

기타 사항은 ○○○○○○○회 교리와 장정에 따른다.

【부 칙】

○ 본 규정은 ○○위원회에서 통과된 날(201○. ○○. ○○)로부터 시행한다.

제10절 신천임원(집사, 권사) 선출 규정

제0조 (신천임원의 자격)

임원의 자격은 본 교회 정관 제00조 교인의 의무를 아래와 같이 성실히 수행할 수 있는 자라야 한다.

1. 신천집사의 자격

① 입교인이 된 지 2년 이상 된 자

② 교회집회에 열심히 참석하는 자(주일 낮, 주일, 수요저녁, 목장, 각 기도회 등)

③ 헌금생활을 하는 자(십일조)

④ 영혼구원에 관심을 가지고 참여하는 자

⑤ 교회 일에 협력하는 자(봉사기관)

2. 신천권사의 자격

① 교회집회에 열심히 참석하는 자[주일 낮, 주일 저녁, 수요저녁, 목장, 각 기도회(새벽, 저녁)등]

② 헌금생활을 하는 자(십일조, 감사, 특별헌금)

③ 가정 구원이 이루어진 자

④ 영혼구원에 열정을 가지고 참여하는 자

⑤ 교회 일에 적극적으로 협력하는 자(봉사기관)

⑥ 가르치며 권면할 수 있는 지도력이 있는 자

⑦ 도덕적으로 흠이 없는 자

제0조 (임원추천)

본 교회의 신천임원 후보자를 추천할 수 있는 자는 교역자 및 장로, 목자, 각 부서장이 추천할 수 있다.

제0조 (자격심사)

신천임원 후보자로 추천된 자에 대해 담임목사와 교역자 등이 위 제1조에 의거 충분한 자격 여부를 심사한다.

제0조 (○○위원회의 일괄 천거)

자격심사를 통과한 임원 후보자에 대해서 ○○위원회에서 결의하여 ○○회에 일괄 천거한다.

제0조 (선거방법)

○○회에서 출석한 회원 과반수로 의결 선출한다.

제0조 (이명직분자의 자격심사)

① 타 교파에서 이명해 온 안수집사, 권사는 이명 전 교회에서 임직 시 수여받은 증서 또는 임명증서 등의 증거자료를 본 교회에 제출하여야 한다.

② 이명 직분자는 본 교회의 신천임원의 자격에 합당한 이로 제3조 자격 심사를 거쳐 ○○회에서 의결을 받아야 한다.

제0조 (기타)

본 교회의 신천임원의 선출 외의 사항은 ○○○○○○○회 교리와 장정에 따른다.

【부 칙】

○ 본 규정은 ○○위원회에서 통과된 날(201○. ○○. ○○)로부터 시행한다.[1]

---

1) 한빛감리교회정관 및 시행규칙 인용

제11절 출장(여비) 규정

제0조 (목적)

출장여비(이하 출장비라 칭함) 규정은 ○○○교회 목회자 및 직원(이하 목회자 등으로 칭함)이 교회의 업무를 원활하게 수행하고, 선교활동을 하기 위하여 업무를 추진하고 교회예산의 적정한 지출을 도모함을 목적으로 한다.

제0조 (출장비의 종류)

출장비의 종류는 운임, 일비, 숙박비, 식비 등으로 하고 실비로 지급한다.

제0조 (출장비 지급 구분)

교회의 목회자 등의 출장비는 (별표 1) 출장비 지급표에 의하여 지급한다.

제0조 (출장비 계산)

출장 일수는 일반적으로 경로 및 방법에 의하여 계산한다.

다만 목회자 등이 형편상 또는 천재지변이나 부득이한 사유로 일반적인 경로 및 방법에 의한 출장을 하기 어려운 경우에는 실제로 출장한 경로와 방법에 의하여 계산한다.

제0조 (출장 일수의 계산)

출장 일수는 출장을 위하여 실제로 필요한 일수에 의하여 계산한다.

다만 목회자 등의 형편상 또는 천재지변이나 그 밖의 부득이한 사유로 늘어나는 일수는 출장 일수에 포함한다.

제0조 (근무지 외 출장지에서 직접 출장 시 출장비)

출장지역에서 체재하는 목회자 등은 체재지에서 직접 다른 목적지로 출장하는

경우, 그곳에서 다른 목적지에 이르는 출장비를 추가로 지급한다. 다만 그 출장
비는 근무지 또는 출장지로부터 목적지까지의 출장비를 초과할 수 없다.

제0조 (출장비의 구분 계산)

출장비의 구분은 국내와 국외로 구분하여 출장비를 지급하며, 국내의 규정은
제4조 규정에 따라 지급하고, 국외 출장비는 제2조 내지 (별표 2)의 규정에 의하
여 출장비 규정을 적용하여 지급한다.

제0조 (출장비의 결제와 정산)

국내외의 출장비는 교회법인 카드로 사용하여야 하며, 부득이한 경우는 출장
지에서 현금을 사용하고 결제와 정산을 할 수 있다.

제0조 (운임과 구분)

출장 시, 국내운임은 철도, 선박, 항공, 자동차 운임으로 구분하고 국외의 출장
비는 제2조의 규정과 유류세, 통행세 등을 포함한다.

제0조 (일비, 숙박비, 식비의 지급)

국내외의 출장자의 일비, 숙박비, 식비는 (별표 1)의 규정에 따라 지급하고, 추
가비용이 발생되면 추가로 출장비를 지급한다.

제0조 (교회 승용차 이용 시 출장비)

목회자 등 출장자가 교회 승용차를 이용하여 출장을 갈 때에는, 제2조와 제9조
의 출장비 규정을 감안하여 (별표 1)의 지급표와 추가로 지급되는 유류비, 통행료,
고속도로비 등을 별도로 지급하고 지급된 영수증을 제출하여야 한다.

제0조 (출장지역에서 접대)

출장지역에서 교회선교활동을 위하여 그 지역에서 접대하여야 할 때는 교회법인 카드를 사용하여 접대할 수 있다

제0조 (평신도 출장비)

평신도가 출장 시 동법 제0조의 출장비 계산 지급 규정에 따라 지출한다.

(별표 1)

국내 출장비 지급표

구분	철도운임	선박운임	항공운임	자동차운임	일비(1인)	숙박비	식비(1일)
지급액	실비	실비	실비	실비	20,000	실비	30,000

(별표 2)

국외 출장비 지급표

국외 출장비는 지역 상황에 따라 교회 ○○○위원회에서 결의를 거쳐 출장비를 책정하고 지급한다.

【부 칙】

본 규정은 ○○위원회에서 통과된 날(2○○○. ○○, ○○)로부터 시행한다.

제12절 종교인 소득 간이세액표

제0조 (간이세액표 적용)

간이세액표의 해당세액은 종교단체가 종교인 소득(기타소득)으로 지급하는 경우, 종교인이 연간 지급받는 금액 또는 월 지급액에 대하여 필요경비, 기본공제 및 세액 공제 수준을 반영하여 원천징수할 세액을 계산한 금액임.

제0조 (적용산식)

(종교인에게 지급하는 소득금액 × 12 또는 연간 지급하는 소득)－(필요경비 80~20%)－(기본공제)－(연간소득공제) × 세율 20%－총지급액 구간별 기부금, 연금계좌 세액공제, 표준세액공제를 반영한 세액공제 결과 계산한 세액을 12로 나눈 금액.

제0조 (연간 지급액 구간별 기부금 등 세액공제)

연간 총지급액 구간별 기부금 등 지출수준을 반영한 세액공제금액 총지급액이 7천만 원 이하인 자는 총지급액의 2.3%(총지급액 7천만 원 초과자는 161만 원) + 결정세액의 10%(90만 원 한도).

제0조 (공제 대상 가족의 수 산정)

공제대상 가족의 수를 산정할 때 본인 및 배우자도 각각 1명으로 보고 계산함.

제0조 (추가공제 대상자 및 자녀공제)

추가공제 대상자 또는 자녀세액공제가 있는 경우, 간이세액표 적용 시 공제 대상 가족 중 추가공제(경로우대와 장애인 공제)가 있는 경우와 20세 이하의 자녀가 있는 경우, 원천징수 세액은 아래 산식에 따라 계산한다.

(추가 공제 적용 시 공제대상 가족 수 = 실제 공제대상 가족 수 + 경로우대 및 장애인 공제 대상 인원수, 20세 이하 자녀 수)

제0조 (공제 대상 가족 수 한도)

기타소득 간이 세액표 적용 시

공제대상 가족 수가 10명 이상인 때는 10명을 세액으로 징수한다.[2]

---

2) 국세청 2018년 종교인 소득 신고안내

1. 종교인 소득 간이세액표는 종교인들의 사례비와 부양가족 수 20세 이하의 자녀와 부모 등 60세 이상 경로우대 및 장애인 공제대상 인원수를 감안하여 종교인 소득 간이세액표를 적용하여 원천징수하고, 다음해 2월에 연말 정산하여 납부하거나 환급 받으면 된다.

2. 종교인 단체에서 원천징수 및 연말정산을 한 경우, 종교인은 종합소득세 확정 신고를 할 필요는 없다. 원천징수 및 연말정산을 하지 않을 경우에는 종교인이 종합소득세를 익년 5월 말까지 소득세 확정 신고를 하면 되는 것이고, 사전에 기타 소득 또는 근로소득으로 신청하는 절차는 없다. 지급명세서 외 별도로 자료 제출은 하지 않으며, 해당지급 명세서와 관련된 자료들은 별도로 보관하여야 한다.

지급 받은 소득을 신고(근로소득, 기타소득)한 종교인이 부양가족, 연령, 총소득, 재산 등 법적 요건을 갖추어 신청한 경우에는 근로, 자녀장려금을 받을 수 있다.

즉 기타소득으로 종교인 소득을 신고하여도 근로 장려금 및 자녀장려금을 신청할 수 있다.

절세가 되고 하나님께 영광 돌리는 일이 되길!

우리나라 교회는 큰 교회는 아주 크고 작은 교회는 아주 작아 교회 재정과 행정문제를 동일하게 적용할 수는 없다. 그러나 자기 교회에 맞는 재정과 행정문제를 저자 책을 참고삼아 예산과 교회장부를 만들 때 확대 또는 축소시켜 만들어 사용하면 좋을 것 같다.

저자는 신학교 졸업논문을 기초로, 저자가 섬기는 교회의 교회정관과 시행세칙을 인용하여 교회재정과 행정에 관한 책을 집필하였다.

저자가 수집한 교회정관과 시행규칙은 가장 잘된 정관과 시행규칙으로 소개할 수 있다. 앞으로는 종교인과세 세금 납부 시 정관과 재무회계규칙이 교회마다 정해져 있어야 목회자 활동비를 경비로 인정받을 수 있고, 절세를 하고, 억울한 세금을 납부하지 않고 종교인 세금을 줄일 수 있어서, 각 교회마다 교회정관과 시행규칙을 반드시 만들어야 하는 시점에 이르렀다. 이를 만들지 못한 교회는 이 책을 참고하여 교회 정관과 재무회계 시행규칙을 만든다면 종교인 세금을 줄일 수 있을 것이다.

종교인 과세 문제로 종교인 과세뿐만 아니라 종교인 활동비를 과세당국으로부터 인정받을 수 있도록 정관과 재무회계규칙을 만들어 경비로 인정받아야 하는 때에, 본서로 인해 종교인과세 시 절세가 되고 하나님께 영광 돌리는 일이 된다면 저자도 심히 기쁘고 감사하게 생각할 것이다.

- 세무사 이종성 장로

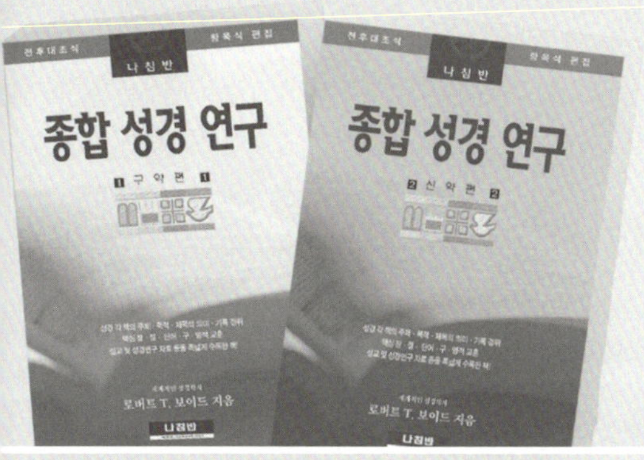

종합 성경 연구

성경 책별/주제별 연구를 위한 최상의 참고서!

1,000가지 넘는 메시지 요약
묵상 자료/성경연구 자료서!

로버트 보이드 박사 지음

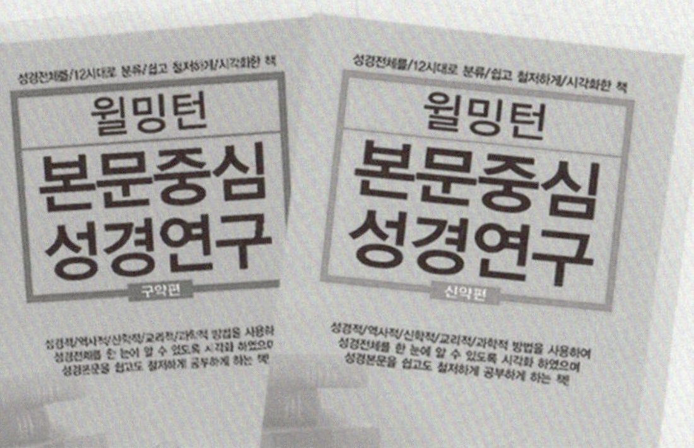

월밍턴 본문중심 성경연구

성경적/역사적/신학적/과학적 방법을 동시에
사용하여 성경개요를 한 눈에 파악 할 수
있도록 하여, 성경의 흐름을 많은 도표와
그림을 통해 시각화 한 책!

리버티대학교 헤롤드 L. 월밍턴 박사 지음

《맞춤형 30일간 무릎기도문 시리즈》

가정❶ **자녀를 위한** 무릎기도문
가정❷ **가족을 위한** 무릎기도문
가정❸ **남편을 위한** 무릎기도문
가정❹ **아내를 위한** 무릎기도문
가정❺ **태아를 위한** 무릎기도문
가정❻ **아가를 위한** 무릎기도문
가정❼ **재난재해안전** 무릎기도문(부모용)
가정❽ **재난재해안전** 무릎기도문(자녀용)
가정❾ **십대의** 무릎기도문(십대용)
가정❿ **십대자녀를 위한** 무릎기도문(부모용)

교회❶ **태신자를 위한** 무릎기도문
교회❷ **새신자** 무릎기도문
교회❸ **교회학교 교사** 무릎기도문

365❶ **우리 부모님을 지켜 주옵소서**(365일용)
365❷ **번성하게 하고 번성하게 하소서**(365일용)
365❸ **자녀축복 안수 기도문**(365일용)

기도❶ **선포(명령) 기도문**

망망한 바다 한가운데서 배 한 척이 침몰하게 되었습니다.
모두들 구명보트에 옮겨 탔지만 한 사람이 보이지 않았습니다.
절박한 표정으로 안절부절 못하던 성난 무리 앞에 급히 달려 나온 그 선원이
꼭 쥐고 있던 손바닥을 펴 보이며 말했습니다.
"모두들 나침반을 잊고 나왔기에… "
분명, 나침반이 없었다면 그들은 끝없이 바다 위를 표류할 수 밖에 없을 것입니다.

우리는 삶의 바다를 항해하는 모든 이들을 위하여
그 나침반의 역할을 하고 싶습니다.
우리를 구원하신 위대한 주 예수 그리스도를 널리 전하고 싶습니다.

"하나님은 모든 사람이 구원을 받으며
진리를 아는 데에 이르기를 원하시느니라"
(디모데전서 2장 4절)

가이사 것은 가이사에게
하나님 것은 하나님에게

지은이 ｜ 이종성
발행인 ｜ 김용호
발행처 ｜ 나침반출판사

제1판 발행 ｜ 2018년 7월 1일

등　록 ｜ 1980년 3월 18일 / 제 2-32호
주　소 ｜ 07547 서울특별시 강서구 양천로 583
　　　　　블루나인 비즈니스센터 B동 1607호
전　화 ｜ 본사 (02) 2279-6321 / 영업부 (031) 932-3205
팩　스 ｜ 본사 (02) 2275-6003 / 영업부 (031) 932-3207
홈　피 ｜ www.nabook.net
이 메 일 ｜ nabook@korea.com / nabook@nabook.net

ISBN　978-89-318-1562-7
책번호 타-1012

값은 뒷표지에 있습니다.